김동도를 기리며

김동도를 기리며

김동도열사정신계승사업위원회(준)

박종철출판사

_ 차례 _

2010년 4월 18일 제주 오름. 공공연맹 제주지부 조합원 '고사리 꺾기' 행사.

2011년 5월 11일 서울 백범기념관. 새로운 노동자정당 추진위원회 발족식.

2012년 1월 5일 서울 민주노총 대회의실. 3자통합당 배타적 지지 반대와
올바른 노동자계급정치 실현을 위한 선언운동 돌입 기자회견.

2012년 10월 22일 제주시 정부합동청사 앞. 노조 파괴 공작 수수방관 및 조장하는 고용노동부 규탄 전국 동시다발 집회.

2015년 3월 22일 국립칠곡숲체원. 좌파노동자회 제3기 제9차 중앙위원회.

김동도 동지를 그리며

　김동도 동지가 우리 곁을 떠난 지 1년이 됐습니다. 돌아가신 동지를 위한 1주기 추모 행사를 합니다. 그러나 왠지 추모 행사라기보다는 출판 기념회 같은 느낌이 듭니다. 너무나 생생한 기억 때문에 그가 우리 곁을 떠났다는 생각을 할 수가 없습니다.

　그가 살아생전 남긴 발자취를 한 권의 책으로 묶어 냅니다. 평전이라기보다는 그의 활동 보고서와 화보집 같은 책입니다. 사업장에서 투쟁하고 해고당하고 지역과 업종을 넘어 전국적인 투쟁을 만들어 왔던 동지의 생생한 모습을 담았습니다.

　여미지식물원에서 노조를 만들고, 제주 지역 관광 노동자들의 지역 연대 조직을 만들고, 나아가 민주노총 제주지역본부를 넘어 민주노총 중앙의 혁신을 위해서도 고군분투한 동지였습니다. 이제 좀 더 큰 그림으로 활동할 시기였는데, 그만 안타깝게 세상과 이별하고 말았습니다.

　노조 간부들 중 3분의 1 정도가 4·3항쟁 자체를 잘 모르고 있다는 설문조사 결과가 있습니다. 제주도가 그저 유명한 관광지거나 평화로운 섬으로만 알고 있는 사람들이 대부분입니다. 최근 여러 노조가 4·3항쟁 관련 역사 순례를 하고 있어서 다행입니다.

4·3항쟁 전해인 1947년 3·1절 28주년 기념 제주도 대회에서 경찰 발포로 사망자가 발생하면서 3월 10일 제주 지역 노동자의 95%가 참여하는 총파업이 있었습니다. 이듬해 남한 단독정부 수립에 반대한 제주도 민중은 전국에서 유일하게 5·10 총선거에서 투표를 무효화시켰습니다. 지배 세력들은 제주도를 고립화시킨 뒤 양민을 학살하였고 역사를 왜곡해 버렸습니다. 최근 들어 제국주의에 맞서 투쟁했던 제주 지역 노동자 민중의 항쟁과 파업 투쟁이 조금씩 알려지고 있습니다.

김동도 동지가 제주 지역에서 노동운동을 시작한 것에 이처럼 또 다른 의미가 있습니다. 김동도 동지는 민주노조와 좌파정당을 통해서 새로운 운동을 건설하려 노력했습니다. 세상의 변화를 꿈꾼 실천적 운동가였고 친구처럼 따뜻한 동지였습니다.

'87 체제' 한 세대가 지났으나 아직 껍질이 벗겨지지 않은 채 질곡의 역사는 계속되고 있습니다. 산별노조 건설과 노동자 정치세력화를 통해 건설하려 했던 노동해방 세상은 여전히 멀리 있습니다. 자본주의 체제는 완강하게 노동자들의 손발에 노예의 쇠사슬을 옥죄고 있습니다. 이러한 시대에 김동도 열사의 선한 눈빛과 푸근한 동지애가 그리워집니다.

동지가 떠난 지 1주기를 맞이하여 발간하는 책자에, 여미지식물원 노조를 비롯한 제주 지역 동지들과 김동도 동지를 생각한 동지들이 자료와 글을 보내 주셨습니다. 이 책이 나오기까지 박종철출판사의 노고가 컸습니다. 고맙습니다.

향후 발족할 김동도열사정신계승사업회를 통해 열사가 못 다한 일을 펼쳐 나갈 수 있기를 기대합니다.

김동도열사정신계승사업위원회(준)을 대신하여
허영구

책을 내며

2017년 6월 27일 밤, 잡지 제작을 마무리하려고 사무실에 앉아 있었습니다. 부고를 받은 것은 그때였습니다. 보는 사람도 없으니 복받치는 슬픔을 감출 이유도 없었습니다. 그렇게 꽤 긴 시간이 흘렀고, 기억을 더듬어 원고를 쓰기 시작했습니다. 잡지 발간은 어차피 늦어질 것이었습니다. 그리고 비행기 표를 예약했습니다.

전국에서 참으로 많은 사람이 김동도 동지의 마지막 길을 함께하려 제주를 찾았습니다. 장례를 마치고 몇몇이 모여 1주기 때 추모의 책자를 내기로 했습니다. 부족하나마 약속을 지키게 되었습니다. 참으로 많은 분이 김동도를 기억하고자 애쓴 결과입니다. 준비위원회 단계이긴 하지만, 김동도의 정신을 이어 나갈 모임도 꾸려졌다고 합니다.

제1부는 나서 죽을 때까지 김동도의 삶을 소개하는 글입니다. 당연한 이야기지만, 그의 삶이란 제주를 중심으로 여러 사람과 함께한 활동이었습니다. 여기서는 그 활동을 평가하기보다는, 그와 그들에게 닥친 문제를 그들이 처한 조건에서 어떻게 해결하고자 했는지를 드러

내고자 했습니다.

활동이 걸친 범위가 넓은 탓에, 특정한 장면에서 그와 함께했던 많은 사람의 이야기를 들어야 했고, 그의 흔적이 남은 자료도 모아야 했습니다. 너무도 많은 사람의 수고와 협력으로 가능했던 이 글이 그 여럿의 노고를 깎아내리지 않기를 바랄 뿐입니다.

추도식을 전후해 급하게 써야 했던 「김동도라는 역사 또는 교과서」(『시대』 2017년 7~8월호)를 뼈대로 삼아 다시 크게 보충한 것임을 밝힙니다. 하지만 여전히 여미지식물원 노동조합, 제주지역관광산업노동조합, 민주노총 제주지역본부, 좌파노동자회 등의 활동 보고서에서 크게 벗어나지 못한 기록임도 밝힙니다. 더 많은 노고가 있어야 김동도라는 사람을 그릴 수 있을 것입니다.

제2부에는 김동도의 생각을 직접 들어 볼 수 있는 글들이 실려 있습니다. 제1부에서 소개한 활동의 각각의 국면에서 그가 생각했던 바와 그가 사태에 임하는 자세를 제2부에서 읽을 수 있을 것입니다. 여럿

이 함께 결정하고 수행한 일들이지만 그때그때 그가 맡았던 역할이 있었기에, 이 글들은 특별히 그가 그런 위치에서 사태를 어떻게 바라보고 동지들과 함께하고자 했는지를 보여 줄 것입니다. 언제 어떤 자리에서 발표된 것인지는 글마다 밝혀 두었습니다. 많은 분이 수고를 마다하지 않은 덕분에 이 흔적을 찾아 여기 실을 수 있게 되었음을 밝혀 둡니다.

　제3부는 김동도를 기억하며 여러 사람이 쓴 글들입니다. 2017년 추도식 자리에서 읽힌 글도 있고 앞서 말한 잡지에 실린 글도 있지만, 대부분은 이번에 이 책을 위해 새로 쓴 것입니다. 이 글들이야말로, 김동도가 어떤 사람인지를 생생하게 보여 주고 있습니다. 생각보다 많은 분이 흔쾌히 글을 보내 주었습니다. 모두에게 감사의 말씀을 전합니다.

　일 년이 흘렀습니다. 김동도 위원장은 약속을 지키며 살다 간 사람입니다. 그와 무언가를 약속했던 사람들이 있다면, 이 책이 그런 사람들에게 그 약속을 돌아보는 계기가 되었으면 하는 마음입니다.

2018년 6월
박종철출판사 김태호

제1부
삶

제주 농사꾼 부부의 넷째 (1962년~1988년)

김동도는 1962년 10월 16일 제주 봉개에서 태어났다. 제주시에 속해 있긴 해도 도시의 냄새를 느낄 수 없는 한적한 곳이었다. 결혼 직후 잠시 다른 곳에 산 적이 있지만, 김동도는 죽기 직전까지 봉개에서 살았다.

김동도가 나온 봉개국민학교(현 봉개초등학교)는 1948년 4·3항쟁의 여파로 그해 10월에 전부 불탔던 역사가 있다. 김동도는 봉개국민학교와 오현중학교를 거쳐 제주농업고등학교(현 제주고등학교)를 졸업했다. 기계과를 다녔다. 농업고등학교에 진학한 것은 농협대학교에 입학하기 위해서였다. 하지만 농협대학교 입학에 실패했다.

아버지 김상효와 어머니 김경득 사이에는 여섯 형제가 있었고 김동도는 넷째였다. 농사를 짓는 집안이었다. 일본에 수출할 특용작물을 재배해 보기도 했지만, 중산간에서 농사짓는 집안에 식구도 많으니 살림이 넉넉할 리 없었다. 첫째에게만 공부 뒷바라지가 있었고, 나머지는 학교를 다니면서도 농사를 도와야 했다. 고등학생 김동도도 친척 집에 살면서 그 집 농사를 도와야 했다.

한 번의 실패 뒤에 다시 공부를 시작하여 제주대학교 행정학과 야간부에 입학했다. 살림에 보탬이 될 만한 안정적인 직장으로 생각한 농협에 다니겠다는 꿈은 접어야 했으나, 집안에 부담을 덜 방법은 여전히 찾아야 했다. 낮에는 시립 도서관에서 일하며 돈을 벌었다. 대학생 김동도는 외삼촌 집에서 살면서 생활하기도 했다.

학교를 다니던 중에 군대를 다녀왔다. 수송 부대에서 근무했다. 훗

날 노동조합 활동을 하면서 자신이 군대에서 제대로 배워 운전을 잘한다고 말했다.

사회운동의 시작, 여미지식물원 노동조합 (1989년~1996년)

1989년, 스물일곱 김동도는 제주도 서귀포 중문관광단지에 있는 여미지식물원에 입사했다. 1985년에 관광공사로부터 3만4천여 평의 부지를 구입하여 공사를 시작하여 1989

김동도의 유골이 안치된 양지공원 납골당에는 군 시절 김동도의 사진이 걸려 있다. 사진 오른쪽에 있는 군 시절 동기가 김동도를 잊지 않고 찾아온 듯하다.

년 10월 12일에 개원한 곳이다. 김동도는 개원 얼마 후에 입사했다가 퇴사하고, 다시 1992년 6월 1일에 총무과에 입사했다. 그 사이에는 잠시 건설 관련 회사에서 일했다.

여미지식물원은 국내 최대 온실을 자랑하는 제주도의 유명 관광지다. 제주에서 매우 좋은 직장으로 여겨져 입사 경쟁률도 높았다. 김동도는 까다로운 면접을 통과하고 입사했다.

1992년 5월, 김동도는 여미지식물원에서 일하는 동료 직원 강혜경 씨와 결혼했다. 일곱 살 어린 여성과 결혼하는 것이 부담스러워 처음에는 피하려 했다. 하지만 어느 날 술이 오른 김동도의 발길은 그 여성을 향하고 있었고, 그런 자신의 마음을 확인하고는 결혼을 결심했다.

결혼 직후에는 법환에 있는 처가에서 생활했다.

여미지식물원에서 일하는 사람들은 시설을 관리하거나 관광객을 상대하는 사람이 대부분이었다. 그런 직원들에게 대학을 졸업하여 행정, 인사, 자재 관리 등을 담당하는 총무과 직원 김동도는 '관리자'로 느껴졌을 것이다. 그러나 우리가 김동도를 노동조합운동이나 그 밖의 사회운동과 관련하여 기억하게 되는 출발점은 바로 여미지식물원에서의 활동이다.

김동도는 직원이 100명도 넘는 회사에 변변한 모임 하나 없는 것이 아쉬웠다. 회사가 그런 데는 이유가 있었다. 치밀하게 노동자들을 관리하고 있었다. 몇몇이 퇴근 뒤에 식사를 하면서 그런 모임에 대해 이야기를 나눈 다음 날이면 회사는 이야기를 주도한 직원을 불러 경고했고, 심지어 회사를 떠나지 않을 수 없게 압력을 넣었다.

그러던 차에 노동자들이 한데 모일 기회를 제공한 것은 오히려 회사였다. 해마다 본격적인 여름 성수기가 시작되기 직전 중문관광단지에 입주한 업체들의 축구 대회가 열렸다. 여미지식물원은 예선조차 통과하지 못하는 수준이었다. 회사는 축구 성적에 관심이 많았고, 심지어 면접 때 남성 지원자들에게는 축구 실력을 묻기도 했다. 1994년, 업체 대항 축구 대회를 앞두고 여미지식물원 경영진은 대회에서 좋은 성적을 거둬 식물원 홍보에 도움을 주고자 하는 생각으로 조기축구회를 만들었다.

김동도도 조기축구회에서 동료들과 공을 찼다. 중문상고 운동장을 빌려 아침마다 연습했고, 연습을 마치고 오면 식물원 구내식당에는 훌륭한 밥상이 차려져 있었다. 그해 대회에는 4강에 진출하는 성과를 냈다. 경기가 열리는 날이면 최소한의 인원만 식물원에서 업무를 보게 하고 대다수 직원을 응원에 내보냈다. 이런 축구 응원 덕분에 직원들이 가까워지게 됐다.

이즈음에 벌어진 사건 두 가지가 여미지식물원 노동자들을 노동 조합 결성으로 나아가게 했다.

어느 날 회사 회식 때 두 직원이 무슨 이유인지 주먹까지 휘두르며 싸우는 일이 벌어졌다. 회사는 어떠한 합리적인 절차도 거치지 않은 채 한 사람만 그 다음 날 구두로 해고했다. 해고된 사람은 동료 직원들 사이에 평판이 좋은 식당 매니저였다. 그가 속한 영업팀 직원들은 '의리상' 해고에 항의하며 집단적으로 업무를 거부했다.

여미지식물원에서 이런 일은 처음이었다. 서울에 있던 식물원장은 제주로 내려오지 않을 수 없었다. 직원들과 이야기를 나누는 시늉이라도 해야 했다.

노동조합은 없었지만 식물원 직원들은 현명하게 대처했다. 예를 들어 원장은 면담 장소로 원장실을 원했지만 직원들은 구내식당을 주장했다. 구내식당에서 벌어진 면담에서는 당시의 해고 건 말고도 여성 직원들의 처우 개선 요구도 쏟아져 나왔다. 여미지식물원 최초로 노사 간담회가 열린 셈이었다.

이런 일이 벌어지는 동안 회사는 총무과 직원 김동도에게 직원들의 동향을 파악하고 보고하라고 시켰다. 하지만 그럴 김동도가 아니었다. 김동도는 회사의 연락을 피하려 사무실에서 나와 식물원 꼭대기의 전망대에서 시간을 보냈다. 거기서 직원들이 모여 있는 한국정원 쪽을 바라보았고, 함께하지 못하는 자신의 처지를 안타까워했다. 그리고 그런 마음을 빵으로 전했다. 동료들에게 조기축구회 이름으로 빵이 배달되었다.

결국 회사는 식당 매니저의 해고를 없던 일로 해야 했다. 노동조합은 물론 그 어떤 모임도 없는 상태에서 벌어진 집단행동에 회사는 놀라지 않을 수 없었던 것이다. 하지만 복직한 그 매니저는 얼마 안 있어 다시 퇴사해야 했고, 해고에 항의하며 업무 거부를 주도했던 매표 전산화 담당자 양창하는 검표 업무를 봐야 했다. 명백한 보복성 인사였다. 이때 누구도 제대로 항의하지 못했다.

이 과정에서 여미지식물원 노동자들, 특히 김동도는 노동조합의 필요성을 절감하게 되었다. 양창하는 아예 퇴사하려 했으나 김동도의 설득으로 조합 결성에 참여하게 된다.

그보다 더 큰 사건은 여미지식물원 소유권이 바뀌게 된 일이다. 여미지식물원은 서울에 본사를 두고 있는 계우개발주식회사 소유였고, 계우개발의 모기업은 삼풍건설산업이었다. 삼풍건설의 또 하나의 계열사인 서울 서초구에 있는 삼풍백화점이 1995년 6월 29일 오후 6시 즈음에 갑자기 무너져, 500명가량이 죽거나 실종되고 1,000명가량이 다쳤다. 한국 사회 전체를 놀라게 한 사건이었다. 이 사고로 인한 피해를 보상해야 했던 삼풍건설은 엄청난 금액을 마련할 길이 없자 재산권을 포기했다. 계열사인 여미지식물원도 예외가 아니었다. 이제 여미지식물원 노동자들은 자신들의 처지가 어떻게 될지 가늠할 수 없게 되었다.

노동조합 설립을 서두르지 않을 수 없었다, 1996년 1월 9일 서귀포 신시가지에 있는 김동도의 집에서 첫 모임이 열렸다. 조기축구회 멤버

노동조합설립신고증

노동조합의 명칭	계우개발(주)제주관광 식플원여미지노동조합	노동조합의 형태	단위노조.지부.분 회.연합단체
주된사무소의소재지	서귀포시 색달동 2920		
신고 년월일	1996. 1. 31		
대 표 자	성 명	김 동 도	
	주민등록번호		
	주 소	서귀포시 법환동 748 민우APT 5동 205호	
소속연합단체의명칭	공 란		

위와 같이 노동조합법 제13조 제1항의 규정에 의하여 노동조합의 설립을

신고하였음을 증명합니다.

1996. 2. 1.

서 귀 포 시 장

1995년 11월 11일 민주노총이 창립되었지만, 1996년 2월의 여미지식물원 노동조합설립신고
증에는 "노동조합의 형태"도 표시되어 있지 않았고 "소속연합단체"를 적는 곳이 "공란"으로
되어 있었다.

가 주축이었다. 일곱 명이 모인 이 모임이 '계우개발(주)제주관광식물원如美地(여미지) 노동조합(준) 1차 모임'이었다. 이어서 1996년 1월 14일에는 스물 네 명이 중문의 한 식당에서 두 번째 모임을 열어, 규약을 정하고 임원을 선출했다. 위원장은 김동도였다.

1996년 1월 31일, 노동조합 설립을 신고했다. 급하게 준비하느라 민주노총이나 한국노총의 도움도 받지 못했고 상급 단체도 정하지 못했다. 1996년 2월 1일, 서귀포시장 명의의 노동조합설립신고증이 발부되었다. 노동조합설립신고증이 발부된 날 회사에서 계우개발(주)제주관광식물원여미지 노동조합의 창립 대회를 열었다.

직원이 120명 안팎이었는데, 급작스럽게 설립을 준비했음에도 조합원은 50명가량이었다. 직장을 잃을지도 모른다는 절박함이 얼마나 컸는지를 알 수 있다. 사측은 모기업에서 벌어진 사건 때문에 정신이 없어 노동조합 설립을 막을 수 없었다.

설립이 전광석화처럼 이루어졌듯이, 여미지식물원 노동조합은 설립과 동시에 활동을 시작했다. 2월 26일 자로 서울시 직원이 여미지식물원에 파견되어 재산 관리 업무를 맡았다. 창립 두 달도 안 된 1996년 3월 19일 첫 "임시협정서"에 노동조합과 회사가 서명했다. 이날은 여미지식물원을 포함해 계우개발과 삼풍그룹의 모든 재산의 처분권이 서울시에 위임된 날이었다.

김동도는 회사에서 직원들이 부당한 대우를 받고 있는 것에 문제를 느끼긴 했지만, 사회운동 경험은 전혀 없었다. 말하자면 의지와 열정은 높았지만 문제를 어떻게 해결해야 할지 갈피를 잡지 못하고 있었다. 이때 '돌소리'의 강남규 소장을 찾았다. 인천에서 활동하다가 현

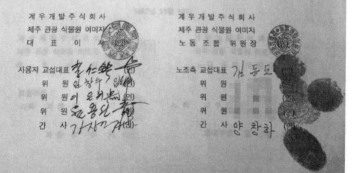

임 시 협 정 서

계우개발 주식회사 제주관광식물원 여미지(이하 "회사"라한다)와 계우개발 주식회사 제주관광식물원 여미지 노동조합(이하 "노동조합"이라 한다)는 노동조합법 제33조에 의거하여 1996년도 단체협약을 위한 단체교섭을 개최함에 있어서 원만하고 평화롭게 단체 교섭이 진행될 수 있도록 하기 위하여 아래와 같이 합의하여 상호 성실하게 준수할 것을 다짐한다.

- 아 래 -

-. 교섭위원 대표는 회사측 대표이사와 노동조합측 위원장으로 하며 부득이한 사정으로 불참시에는 위임장을 지참하여야 한다.
-. 단체 교섭중 병회 의무 사항으로 상호 비방을 금한다.
-. 매회 교섭 종결시 회의록에 상호 서명 날인한다.
-. 각 조항이 끝났을 시는 서로 확인하고 다음 조항으로 넘어 간다.
-. 각 간사는 기록만 하고 상대편의 요구시 외에는 일체의 발언을 금한다.
-. 회답일시는 반드시 지킨다.
-. 단체교섭 시간은 근로시간으로 인정한다.
-. 단체교섭은 1996년 3월 27일부터 매회 정회일로부터 7일이내에 노사협의하여 개최하되 교섭시간은 10:00부터 13:00까지 실시한다.
-. 매 교섭서 사회는 노사가 각 1회씩 윤번제로 실시한다.
-. 교섭 장소는 관리동 2층 회의실에서 실시한다.
-. 본 임시 협정서의 합의된 내용은 상호 성실하게 준수해야 하며 서명과 함께 단체 협약에 준하는 효력을 발휘한다.

1996년 3월 19일

계 우 개 발 주 식 회 사
제주 관광 식물원 여미지
대 표 이 사

계 우 개 발 주 식 회 사
제주 관광 식물원 여미지
노 동 조 합 위 원 장

사용자 교섭대표 홍仁환
위 원 임창우 (인)
위 원 이 윤 커 (인)
위 원 효 용 원
간 사 가 장 끄

노조측 교섭대표 김 동포
위 원
위 원
위 원
간 사 양 창 하

막 출범한 "제주관광식물원 여미지" 노동조합은 1996년 단체교섭을 시작하기 전에 사용자와 일반적인 사항에 대해 협약을 맺었다. 최초의 교섭의 결과였다.

장에서 프레스에 손가락 네 개가 잘린 후에 1989년부터 제주에서 상담소를 운영하며 노동자 교육에 주력하고 있던 사람이었다. 현재는 제주민주화운동사료연구소 이사장으로 활동하고 있다.

서울 사는 형을 보러 온 길에 딸과 함께 롯데월드에서.

여미지식물원에서 노동조합을 준비하던 사람들은 서귀포 중문단지에 있는 직장에서 제주시까지 찾아가 상담소에서 교육을 받았다. 노동조합이 무엇인지, 법률이 정한 노동자의 권리는 무엇인지, 노동조합이 왜 사회와 지역의 여러 문제에도 관심을 보여야 하는지, 강남규 소장에게 배웠다.

갓 출범한 여미지식물원 노동조합에게 근로조건보다 중요한 문제는 직장을 지키는 것이었다. 재산권을 포기한 삼풍건설그룹을 대신해 삼풍의 재산을 관리하게 된 서울시시설관리공단은 삼풍백화점 붕괴 희생자들에게 지급할 보상금을 마련하기 위해 여미지식물원을 매각하려 했다. 그리고 부지 가격을 올리기 위해 '관광객이용시설업'이던 식물원의 용도를 호텔을 지을 수 있는 '숙박업'으로 변경하려 했다. 노동조합은 1996년 7월 22일부터 식물원이 존립해야 함을 제주도민들에게 알리며, 용도 변경에 반대하는 투쟁을 벌였다.

조합원들과 함께 (1996년~1997년)

1996년 12월 26일 새벽, 당시 집권당이던 신한국당 의원들만 몰래 참석한 가운데 기습적으로 국회에서 노동 관계법과 안기부법의 개정안이 통과되었다. 김영삼 정권이 경제협력개발기구, 즉 OECD에 가입하기 위해 '정리해고제' 도입 등을 감행한 것이다. 7분 만에 11개 법안이 일사천리로 통과되었다.

당시 가장 큰 야당이던 새정치국민회의가 반발했음은 물론이고, 민주노총은 이에 항의하며 총파업에 들어갔다. 이미 그해 8월부터 노동 관계법 개악에 맞선 투쟁을 준비해 온 민주노총은 12월 26일 이후 그 다음 해 2월 말까지 모두 약 4백만 명의 조합원이 참가하고 선전물약 400만 장을 배포하며 싸웠다.

이제 갓 출범한 여미지식물원 노동조합도 노동법 개악 철회를 요구하는 투쟁에 나섰다. 노동조합의 활동이 자기 사업장 문제에 머물러서는 안 된다는 상담소에서의 교육의 결과였다. 제주에 아직 민주노총 지역본부가 출범하기 전이었지만, 이 투쟁에는 여미지식물원 노동조합을 비롯해 제주 지역의 여러 노동조합이 함께 싸웠다.

이때 김동도 위원장의 제안으로, 제주 지역에서 처음으로 '희망의 노래 꽃다지'를 초청했다. 김동도 위원장은 문화운동을 중요하게 생각했다. 여미지식물원 노동조합의 행사에도 언제나 노래패나 문화패의 공연이 함께했다.

1997년 4월 19일, 민주노총 제주지역본부가 출범했다. 여미지식물원 노동조합은 1996년 10월 8일 민주노총 제주지역본부설립준비위원회가 결성될 때부터 함께했고, 10월 14일 제주지역본부결성위원회가 발족할 때에는 김동도 위원장이 공동대표를 맡기도 했다. 이제 여미지 식물원의 투쟁은 지역본부의 주요 사업이 되었고, 여미지식물원 노동 조합 역시 지역본부 활동에 적극적이게 되었다.

여미지식물원 노동조합은 식물원 문을 닫는 것을 막으려 했고, 이 문제를 단체협약을 통해 해결하려 했다. 하지만 식물원 사용자 측인 서울시설관리공단은 자신에게는 권한이 없다며 서울시에 공을 넘겼고, 서울시는 자신들은 관리를 맡고 있을 뿐 직접 당사자는 아니라며 노동조합과의 협상을 피했다.

1997년 7월 21일, 여미지식물원 노동조합은 단체협약 체결을 위한 교섭이 결렬되자 전면파업에 들어갔다. 식물원 안에 천막을 치고 농성에 들어갔으며, 주차장에서 집회를 열었다. 조합원 모두에게 낯선 일이었지만, 너무도 절박한 일이었다. 그러자 1997년 8월 23일 사측은 직장폐쇄로 노동조합을 압박했다. 강남규 소장과 협의하며 차근차근 투쟁을 준비해 나갔다.

김동도 위원장과 조합원들은 문제가 제주에서 해결될 수 없음을 느끼고 그에 맞는 행동에 들어갔다. 1997년 9월 1일, 여미지식물원노동조합 전 조합원이 서울로 올라가, 예약한 전세 버스로 곧바로 마포에 있는 민주당사를 향했다. 그리고는 1층과 2층의 계단과 대회의실을 점거하여 농성하며 여미지식물원 문제의 해결을 촉구했다. 당시 민주당은 김대중이 정계를 복귀해 창당한 새정치국민회의에 합류하지 않은 인물들이 모인 정당이었으며, 그 당 소속인 조순 당시 서울시장이 대통령 후보로 거론되던 차였다.

결국 민주당 사무총장이 여미지식물원 직원들의 고용을 보장하도록 노력하겠다며 서울시를 통해 공식적으로 답변을 주겠다고 약속하면서 조합원들은 농성을 해산했다.

하지만 답변은 즉각 오지 않았다. 여미지식물원 노동조합은 1997년 9월 9일에 민주당에 「여미지식물원 노동조합 진정에 대한 회신내용 요청의 건」이라는 공문을 보냈고, 9월 29일에야 서울시로부터 고용 승계를 보장한다는 공식적인 회신을 받을 수 있었다. 한편, 대통령 선거를 앞두고 있던 터라, 당시 여당인 신한국당에서도 여미지식물원 노동조합의 공문에 대해 노동부에서 검토하여 회신하도록 조치했다는 공문을 보내오기도 했다.

전 조합원의 상경 투쟁은 보람이 있었다. 1997년 10월 17일, 단체협약이 체결되었다. 사용자가 변경된 후 처음 체결한 협약서는 예전 양식을 그대로 둔 채, "계우개발(주)"를 "서울특별시 시설관리공단 제주관광식물원여미지 관리사업단"으로 펜으로 수정한 문서였다.

이후에 단체협약의 세부적인 내용을 정하기 위해 노동조합 임원들은 서울을 여러 차례 찾아야 했고, 서울시와 서울시시설관리공단 두 곳을 찾아가며 협상을 벌여야 했다. 1997년 11월 5일 세 번째로 서울로 올라갔다. 그리고 결국 11월 10일, 여미지식물원의 소유권이 서울시로 이전되었다. 12월 1일, 서울시는 여미지식물원의 임시 운영을 서울시 시설관리공단에 수탁하기로 결정했다.

이즈음에 김동도 위원장은 생애 처음으로 고소를 당하게 된다. 식물원을 관리하던 삼풍 산하 계우개발의 사장이 노동조합 위원장의 활동을 두고 "특수 건조물 침입, 폭력행위 등 처벌에 관한 법률 위반, 업

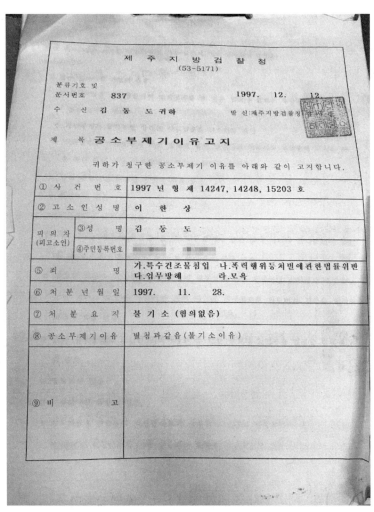

제 주 지 방 검 찰 청
(53-5171)

분류기호 및
문서번호   837   1997. 12. 12.

수 신 김 동 도 귀하   발 신:제주지방검찰청

제 목 공 소 부 제 기 이 유 고 지

귀하가 청구한 공소부제기 이유를 아래와 같이 고지합니다.

① 사 건 번 호	1997 년 형 제 14247, 14248, 15203 호		
② 고 소 인 성 명	이 한 상		
피의자 (피고소인)	③ 성 명	김 동 도	
	④ 주민등록번호		
⑤ 죄 명	가.특수건조물침입 나.폭력행위등처벌에관한법률위반 다.업무방해 라.모욕		
⑥ 처 분 년 월 일	1997. 11. 28.		
⑦ 처 분 요 지	불 기 소 (혐의없음)		
⑧ 공 소 부 제 기 이 유	별첨과같음(불기소이유)		
⑨ 비 고			

여미지식물원 최초의 소유주인 계우개발의 사장이 김동도 위원장을 고소한 건은 "불기소(혐의 없음)"로 끝났다.

무 방해, 모욕 등의 이유로" 고소한 것이다. 하지만 1997년 11월 28일 제주지방검찰청은 "공소 부제기"를 결정했고, 그 이유를 12월 12일 자 공문으로 알렸다. 오히려 1997년 12월 30일 제주지방노동위원회는 여미지식물원 사측에 부당노동행위와 부당해고가 있었다며 대기발령과 해고를 철회하라는「명령서」를 보냈다.

1997년 12월 29일, '계우개발(주)제주관광식물원여미지 노동조합'은 운영 주체가 바뀐 것을 반영해 '제주관광식물원 여미지 노동조합'으로 명칭을 변경하기로 했다.

여미지식물원 노동조합의 첫 두 해는 그렇게 지났고, 1998년 1월 15일 총회를 열어 제2대 위원장으로 다시 김동도를 선출했다.

사측에서는 김동도 위원장이 회사에서 총무 업무를 맡고 있다는 사실이 여간 부담스러운 것이 아니었다. 대리 직급의 김동도를 과장으로 승진시켜 조합원 자격을 박탈하려 하기도 했다. 하지만 김동도는 영업팀으로의 전출을 희망했고 승진을 거부하며 조합에 남았다.

신생 노동조합으로서는 놀랍게도, 1998년도 단체협상 때에는 같은 직급이라도 여성의 임금이 낮은 점을 지적하며 이를 해소하고자 했고, 비정규직의 처우를 개선하기 위해 휴게실을 마련하고 식비를 지급하게 하는 등의 내용으로 회사와 협상을 벌여 성과를 거두었다.

제주 지역에서의 연대를 위한 첫 시도 (1998년~2000년)

1998년 2월 1일 출범한 여미지식물원 노동조합 제2대 집행부는 지난 2년의 경험을 바탕으로 활발한 활동을 준비할 수 있었다. 임기 내내

여미지식물원 노동조합은 1998년 창간호 이후 꾸준히 노보를 냈다. 1999년 3월 31일 두 면짜리 『여미지노보』에는 지난 분기의 노동조합 소식과 결혼한 조합원을 소개하는 기사가 실려 있다.

여미지식물원 노동조합을 정비하고 지역의 다른 노동조합과 공동으로 활동할 틀을 만드는 데 힘을 쏟았다.

1998년에 여미지식물원 노동조합은 단체협약을 위한 교섭을 진행하던 5월 1일 노동절 행사도 열었고, 그 직후에는 전 조합원 교육과 수련을 위해 1박 2일 동안 대회를 열어 노동법 전문가인 하종강 씨의 강의도 들었다. 그리고 처음으로 소식지를 발간했다.

1998년 6월 29일 여미지식물원 노동조합은 정기총회를 열어 최초로 상급 단체를 인준했고, 10월 1일 민주노총 가맹단체인 전국민주관광노동조합연맹(현 전국서비스산업노동조합연맹)에 가입했다. 그에 따라 1999년 1월 18일 총회에서는 "전국민주관광노동조합연맹 제주관광식물원여미지 노동조합"으로 명칭을 변경했다.

이제 김동도 위원장과 여미지식물원 노동조합은 그 다음 길을 갔다. 제주 지역 관광업 노동조합들의 연대에 나섰다.

여미지식물원이 관광업에 종사하고 있었고 제주에 관광업이 발전한 점을 생각하면, 지역에서의 연대의 출발점을 그렇게 삼은 것은 자연스러운 일이었다. 1998년 10월 1일, 제주 지역 관광 관련 노동자들이 모여 문화패의 공연도 관람했고, 초대 민주노총 위원장이었던 '국민승리 21' 권영길 대표의 강연도 들었다. 12월 'IMF반대! 사회개혁쟁취! 민중생존권사수! 98제주민중대회'에는 제주 관광 노동자들이 같은 깃발을 들고 참여했다.

1999년 11월 10일, 그동안의 노력의 결과로 제주관광노동조합협의회(가칭) 1차 준비위원회가 열렸다. 여미지식물원을 비롯해 오라관광, 오리엔탈호텔, 칼호텔, 크라운프라자호텔, 파라다이스호텔 등의 노동조합이 참가해, 취지를 공유하고 규약(안)을 검토했다. 일주일 뒤에 열린 2차 준비위원회에는 하얏트호텔 노동조합도 참가해, 조직 구성과 임원 선출에 대해 논의했다. 준비위원회는 거의 일주일마다 회의를 열어 12월 4일 4차 회의와 12월 8일 '관광산업 노동자의 밤'에 이어 1999년 12월 15일 제주지역관광산업노동조합협의회를 출범시켰다.

제주지역관광산업노동조합협의회는 그때까지의 노동조합운동에서는 보기 어려운 구성이었다. 한국노총에 속한 노조도 있고 민주노총에 속한 노조도 있었다. 그저 제주 지역에서 관광업에 종사하는 사업장의 노조라는 동질성으로 한데 모인 조직이었다. 1996년 2월에 여미지식물원 노동조합을 설립해 위원장으로 활동했던 김동도는 3년 조금

2003년 3월 7일 처음으로 발간한 「제주지역관광산업노동조합협의회 주간 소식」. "천리안"으로 원고를 접수하고 있었다.

넘는 시간이 흐르면서 노동조합운동의 새로운 장을 여는 실험에 나서게 된 것이다. 하지만 민주노총과 한국노총 모두 제주지역관광산업노동조합협의회에 협조적이지 않았다. 전국적으로 한국노총을 탈퇴하며 민주노총을 설립한 지 몇 해 되지 않은 그때, 소속 총연맹을 불문하고 결성된 제주 지역 몇몇 노동조합의 협의회를 바라보는 두 노총의 눈초리는 의심과 경계로 싸늘했다.

2000년 1월 25일에 열린 제주지역관광산업노동조합협의회 제1차년도 정기대의원대회에서 김동도는 의장으로 선출되었다. 협의회는 11개 노조 1,000명의 조합원을 포괄하고 있었다. 그리고 3월 7일 처음으로 협의회 이름의 소식지가 발간됐으며, 3월 중순에 간부 수련회가 있었다. 김동도 의장은 2000년 내내 제주지역관광산업노동조합협의회가 안정되도록 노력했다.

연맹의 혁신을 위한 노력과 전국적 노동자 단체 활동
(2001년~2003년)

김동도는 정당 활동에도 눈을 돌리기 시작했다. 민주노총이 민주노동당 지지를 결정했지만, 김동도의 선택은 달랐다.

2001년 8월 11일, 민주노총 제주지역본부 2층 회의실에서 청년진보당 제주시지구당(준) 출범식이 열렸다. "착취와 수탈에 맞서 의연히 일어선 제주 민중의 항쟁과 국가폭력에 엄청난 희생을 치르면서도 민주주의의 가치를 수호해 온 4·3항쟁의 정신을 우리는 다시 한 번 되새긴다"로 시작하는 출범 선언문이 낭독됐고, 현수막에는 "4·3민중항쟁의 정신을 이어 받자"라고 적혀 있었다. 4·3항쟁 희생자 가족이기도 한 김동도는 감회가 남달랐을 것이다. 그리고 자신이 훗날 제주도당 위원장을 맡을 줄은 이때는 몰랐을 것이다.

2001년 12월 14일 개최된 민주노총 제주지역본부 제8차 대의원대회에서 김동도는 부본부장 후보로 추천되어 투표 대의원 46명 중 43명의 찬성으로 선출됐다. 두 번째로 맡게 된 지역본부 부본부장이었다. 본부장으로는 강봉균 당시 본부장이 다시 선출됐다. 부본부장 김동도는 이 시기 제주 지역의 주요한 투쟁 사업장이었던 파라다이스카지노 노동조합의 투쟁에 적극 결합하고 매일 천막농성장을 사수하며 파업 중인 노동자들과 함께했다.

한편, 2002년 2월, 창립 6주년을 맞은 여미지식물원 노동조합은 김동도를 위원장으로 하는 제4대 집행부를 출범시켰다.

여미지식물원 노동조합이 창립 5주년을 맞고 얼마 뒤인 2001년 2

월 23일, 여미지식물원 노동조합이 속한 민주노총 전국민주관광노동조합연맹이 전국상업노동조합연맹과 통합하여 전국민간서비스산업노동조합연맹(이하 '서비스연맹')으로 개편됐다.

통합 서비스연맹은 옛 두 연맹의 갈등과 해묵은 잘못된 관행으로 인해 순조롭게 활동을 펴지 못하고 있었다. 마침내 2002년 5월에 연맹 상근자 여섯 명이 이름을 밝히고 「5월 11일 서비스연맹 제3차 중앙위원들에게 드리는 상근자들의 입장」을 배포하면서 연맹 내부의 문제가 수면 위로 올라왔다. 이들 상근자들은 통합 연맹이 출범한 후의 문제를 "현장과 함께하지 못한 활동", "잘못된 운동 기풍과 비민주적 운영 방식", "관성화되고 관료화된 기풍", "상층 간부 간 이해관계와 정치적 목적으로 운동의 질서와 순수함을 파괴하는 행위" 등으로 지적했다. 아울러 당시 연맹 위원장과 부위원장들 각각에 대해 책임질 일을 명시하면서 지도부 사퇴와 비대위 구성을 주장했다.

서비스연맹의 답은 상근자들의 요구와 완전히 달랐다. 2002년 8월 28일에 열린 서비스연맹 제4차 중앙위원회에서는 해당 상근자들의 징계 문제가 거론됐고, 11월 11일에 열린 연맹 임시대의원대회에서도 입장의 차이를 확인했을 뿐이었다.

김동도 위원장은 문제를 제기한 상근자들의 주장에 공감했다. 그리하여 2002년 11월 28일 발족한 '연맹개혁과 서비스노동운동발전을 위한 서비스현장연대'('서비스현장연대')에 합류해, 연맹을 바로잡는 일에 앞장섰다. 서비스현장연대는 상근자 징계 철회를 위한 대의원대회 개최 요구가 받아들여지지 않자 최후의 방법으로 선택한 조직이었다. 제주의 사업장들처럼 총회를 열어 조합의 이름으로 서비스현장연대에 가입한 경우도 있지만 개인 자격으로 서비스현장연대에 가입하는 경우도 있었다. 김동도 위원장은 12월 9일 「단결 연대 실천투쟁이 살아 숨쉬는 민주적 연맹을 만들기 위한 서비스연맹 조합원선언」에도 동참했다.

2002년 6월, 김동도는 처음으로 공직자 선거운동에 힘을 보탰다. 청년진보당은 2001년 8월에 사회당으로 당명을 바꾸었고, 아직 제주도당은 준비위원회 상태였지만 광역의원 비례대표 후보를 냈다. 그해로 세 번째인 전국동시지방선거부터는 광역의원 가운데 일부를 정당 투표를 통해 선출하게 되어 있었고, 이때만 해도 비례대표 후보의 공약, 즉 당의 공약을 벽보로 알릴 수 있었다.

선거 결과는 당선과는 거리가 멀었지만, 그 이후 사회당 제주도당 준비위원회는 한라병원 총파업 연대 투쟁, 화순항 해군 기지 건설 반대 투쟁, 공무원 노동 기본권 쟁취 투쟁 등의 활동을 벌였고, 12월에는 김영규 후보를 앞세운 대통령 선거운동에도 참여해 제주에서 사회당을 알리는 활동을 폈다. 이 과정에 김동도도 함께했다.

한편, 2002년 겨울 서울시시설관리공단이 운영하는 여미지식물원에는 '공기업 구조조정'의 바람이 불고 있었다. 같은 공단에 속한 13개 사업소 가운데 유독 임금이 낮던 여미지식물원은 구조조정의 범위도 넓었다. 지방노동위원회를 통한 조정마저 실패했고, 결국 11월 30일부터 파업에 돌입했다. 그리고 12월 28일, "경영상의 이유로 인한 해고는 사업소의 도산이나 경영 악화로 인해 사업이 계속 불가능한 경우에 한한다"라는 조항을 담은 「2003년 단체협약」을 맺었다.

2003년 초부터 서비스현장연대는 수련회, 대의원대회, 전국 간담

공   고

제여노 제 03 - 16호   2003. 04. 26.

제 목 : 임시총회 결과보고

　　　　임시총회 안건중 연맹탈퇴 찬반투표를 실시한 결과를
아래와 같이 공고합니다.

- 아   래 -

□ 일 시 : 2003년 4월 25일(18:40) ~ 26일(12:00)까지
□ 장 소 : 노동조합 사무실
□ 투표결과 : 총 투표자수 63명중 52명 찬성
□ 가결사항
　1. 노동조합규약 제30조(특별결의)에 의거 연맹탈퇴를
　　가결함.
　2. 탈퇴시기는 추후 제주지역 서비스관련 5개노조
　　공동 입장으로 탈퇴시기를 위원장에게 위임하기로
　　결의함.

(직인생략)

전국민간서비스산업노동조합연맹
제주관광식물원여미지노동조합위원장양창하

2003년 4월, 여미지식물원노동조합은 연맹 탈퇴를 묻는 임시총회를 열어 안건을 가결했다.

회를 통해 연맹에 남을 것인지 연맹을 탈퇴할 것인지를 심각하게 논의했다. 결국 3월에 부산에서 열린 총회에서 서비스현장연대는 "연맹을 탈퇴하지 않고 내부 개혁을 추진하는 것으로 하되, 제주 등의 연맹 탈퇴 의사는 존중키로 한다"라고 결정했다. 4월부터 서비스현장 소속 제주 지역 노조 집행부들은 여러 차례 회의와 간담회를 열고 탈퇴로 뜻을 모았다.

서비스현장연대 소속 제주 지역 노동조합에게 남은 일은 조합원들에게 사태를 설명하고 탈퇴 절차를 밟는 것이었다. 3월에 양창하 위원장의 집행부를 구성한 여미지식물원 노동조합이 가장 먼저 조합원에게 연맹 탈퇴 여부를 물어 찬성을 얻었다.

이즈음인 2003년 4월 27일에 전국노동자회가 출범했다. 2002년 4월 서강대학교에서 준비위원회를 구성한 지 1년 만의 출범이었다. 전국노동자회의 구호는 "노동자는 하나다"였다. 여성/남성, 정규직/비정규직 등 모든 차이를 넘어 전국의 노동자가 하나가 되자는 것이었다. 아울러 전국노동자회는 노동자만이 아닌 한국 사회 구성원 전체를 위한 이른바 '보편의제'를 위해 싸우는 조직이고자 했다. 여미지식물원 노동조합은 물론이고 서비스현장연대 소속 제주 지역 노동조합은 준비위원회 시절부터 전국노동자회와 함께했다. 김동도는 전국노동자회 중앙위원으로 활동했고, 그 과정에서 그동안 노동조합운동이 담지 못했던 새로운 문제들을 접하고 그 해결을 위한 길에 나서게 되었다.

제주에서는 전국노동자회 준비위원회가 결성된 후 2002년 10월에 제주노동자회가 출범한 상태였다. 제주여민회 대회의실에 모여 출범한 제주노동자회 첫 위원장은 김동도였다. 제주노동자회는 2003년 4월 전국노동자회가 출범한 뒤 전국노동자회 제주위원회로 재편하고 지역에서 다양한 활동을 펼쳤다.

제주 지역 관광산업 사업장의 단일노조 건설을 위하여 (2003년~2007년)

서비스연맹 탈퇴를 결의한 제주 지역의 서비스현장연대 소속 노동조합들은 제주 지역 단일 노조 건설의 길에 나섰다. 2003년 5월 6일 서비스현장연대 제주 지역 회의를 거친 후, 5월 20일 제주 지역 서비스현장연대 대표자들이 모여 '지역 단일 노조 건설을 위한 추진위원회'로 조직을 전환하였다. 크라운프라자호텔, 여미지식물원, 파라다이스카지노, 퍼시픽랜드, 칼호텔 등 다섯 개 노조가 참여했다. 제주 지역의 관광업 관련 노동조합들이 협의회를 건설했던 경험은 이제 단일한 노조를 건설하는 운동으로 나아갔다.

추진위원회는 6월 이후 내내 회의를 열고 지역 단일 노조 결성을 위해 논의를 모아 갔다. 2003년 9월 23일, 제주지역관광산업노동조합 추진위원회 출범 대의원대회가 열렸다. 칼호텔 노동조합을 제외한 네 개 노동조합이 출범 대의원대회에 참여했다. 이날 추진위 운영 규정을 정하고 임원을 선출했다. 10월에는 추진위원회에 참여한 노동조합의 합동 간부 수련대회를 열었고, 11월 8일에는 전국노동자대회에 '제주지역관광산업노동조합 추진위원회' 이름으로 참여했다.

2004년 3월 25일에 열린 제주지역관광산업노동조합 추진위원회 2004년도 제1차 대의원대회에서는 그해 안에 조직 건설을 완료하기로 결의했다. 5월 1일 114주년 세계노동절 제주 지역 관광 노동자 결의 대회를 열었고, 7월에는 제주지역관광산업노동조합을 알리는 홍보물을 제작해 조합원들과의 간담회와 설명회를 시작했다. 마침 제주지역관광산업노동조합에 합류한 퍼시픽랜드에서 투쟁이 벌어지고 있었고, 8월 13일 제주지역관광산업노동조합 추진위원회는 '퍼시픽 투쟁 승리를 위한 투쟁본부'의 역할을 맡기로 하고 농성과 투쟁에 합류했다. 10월에는 퍼시픽랜드 문제 해결을 위해 제주도지사와 서귀포시장을 방문했고 노동부도 찾아가 문제 해결을 촉구했다. 일일주점도 열어 투쟁기금도 모았다.

한편, 여미지식물원은 식물원 내부의 식당과 주차장을 외부에 임대하려는 계획을 세우고 있었다. 외주화의 시작이었다. 2004년 8월에 양창하 위원장과 김연자 부위원장을 7대 임원으로 선출한 여미지식물원 노동조합은 10월 26일부터 식당과 주차장 임대를 막기 위한 투쟁에 돌입했다. 여미지식물원 사측은 단체협약 갱신을 위한 교섭 도중 계약직 세 명을 해고했고, 이에 항의하여 12월 13일부터 노동조합 간부의 농성이 시작되었다. 단체교섭은 계속 결렬되었고 노동조합은 조정을 신청했으나, 결국 12월 29일 열린 임시총회는 77%의 찬성으로 쟁의행의를 가결했다. 2005년 1월 1일 여미지식물원 노동조합의 쟁의가 시작되었다.

2005년 4월 19일에는 부국철강 계열사인 부국개발(주)가 서울시로부터 여미지식물원을 인수했다. 김동도와 여미지식물원 노동조합이 상대해야 하는 사측이 또 바뀐 것이다. "영업팀 대리" 김동도도 2005년 4월 29일에 「재입사 신청서」를 제출해야 했다.

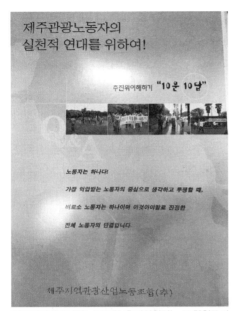

제주지역관광산업노동조합 추진위원회는 조합원들의
의문과 우려를 해소하기 위해 리플릿을 만들었다.

2005년 2월 21일, 제주지역관광산업노동조합 추진위원회는 2005년도 제1차 대의원대회를 열고, 2004년 안에 조직 건설을 완료하기로 했던 2004년도 3월 대의원대회 약속이 지켜지지 못했음을 반성하고 2005년 5월 1일을 출범일로 재조정했다. 출범준비단도 발족했다.

2005년 3월 1일 출범준비단 회의, 7일 출범준비단 대의원 합동 수련회에 이어, 제주지역관광산업노동조합을 추진하고 있던 사업장의 조합원들과의 간담회가 4월 내내 진행되었다. 하지만 5월 1일에 열린 추진위원회 제2차 대의원대회에서는 출범을 12월로 다시 조정하게 되었다. 아직 준비가 부족하다고 생각했던 것이다.

이때 조직 전환을 두고 우려가 많았다. 연맹 또는 총연맹과 충돌하는 모양도 부담이었고, 그런 상태에서 이후 조합 활동의 모습이 또렷하게 그려지지 않았다. 김동도와 초대 위원장을 결의한 여미지식물원 노동조합 위원장 양창하는 이 문제를 놓고 깊이 토론했고, 양창하가 「제주관광노조 건설을 위하여」라는 문서를 마무리하여 조합원들과 토론할 때 자료로 사용했다.

다시 한 번 '제주지역관광산업노동조합'을 알리는 캠페인이 시작되었다. 7월에는 추진위원회 상태이긴 하지만 제주지역관광산업노동조합을 대표할 공동교섭단이 발족했다. 각각의 노동조합들은 조직 전환을 준비했다. 2005년 9월 30일, 크라운프라자호텔 노동조합 총회에서 제주지역관광산업노동조합 결성에 대비해 조직 명칭 변경을 결정했다. 10월에는 여미지식물원 노동조합, 11월에는 퍼시픽랜드 노동조합과 파라다이스카지노 노동조합이 조직 변경을 결의했다. 마지막 점검을 위해 2005년 11월 16일 제주지역관광산업노동조합 출범준비단 수련대회를 열었다.

드디어 2005년 12월 15일, 제주지역관광산업노동조합 창립총회가 열렸다. 여미지식물원, 퍼시픽랜드, 파라다이스카지노, 크라운프라자호텔 등 4개 노조 200여 명의 조합원을 포괄하는 노동조합이었다.

우여곡절 끝에 창립에 성공했지만 제주지역관관산업노동조합은 민주노총에서 자리를 잡느라 또 다시 애를 먹어야 했다. 얼마 전에 서비스연맹 탈퇴를 결의하고 모인 제주지역관광산업노동조합이었다. 제주지역관광산업노동조합은 총연맹에 가입 의사를 밝혔으나, 총연맹은 서비스연맹의 태도가 중요하다며 답변을 미뤘고, 서비스연맹은 기한이 지나도록 입장을 밝히지 않았다.

결국 제주지역관광산업노동조합은 한동안 상급 단체 없이 활동해야 했다. 그러다가 2008년이 되어서야 공공 시설지부에 속하게 됐다.

제주관광산업노동조합은 2007년 여름 제주를 찾은 대학생들인 '희망 실천단 바람'과 함께 비정규직 철폐와 군사기지 건설 반대를 위해 대장정에 돌입하기도 했다.

김동도는 2007년 12월에 있었던 대통령 선거에서 사회당 금민 후보의 제주선거대책본부 본부장을 맡았다. "새로운 진보, 담대한 제안"을 내건 금민 후보의 주요 공약은 기본소득 등의 보편적 복지를 펼쳐 진정한 국민주권을 실현한다는 것이었다.

복직을 위한 투쟁과 본격적인 진보정치운동 참여
(2008년~2011년)

여미지식물원의 새로운 소유주인 부국개발(주)는 2007년 9월 14일 자 공문을 통해 "영업사원부문 폐쇄와 관련한 구조조정 사안"을 통보했다. 여미지식물원을 찾은 관광객들에게 기념품이나 음료를 팔던 부서를 없애고 외주를 주겠다는 것이었다. 여미지식물원을 인수한 지 3년도 안 된 시점에서의 결정이었다. 게다가 2008년 1월, 부국개발(주)는 경영난을 이유로 여미지식물원 정리해고 방침을 발표했다. 희망퇴직을 받을 것이며, 비정규직으로 근무하기로 동의하면 그렇게 하겠다는 것이었다.

여미지식물원 노동조합 위원장이었던 제주관광산업노동조합 위원장 양창하와 제주관광산업노동조합 여미지식물원 지부장 김동도는 식물원 타워 꼭대기에서 10여일 동안 단식하며 정리해고 방침에 항의했다. 아직도 제주관광산업노동조합의 민주노총 가입이 확정되지 않은 상태여서 제주지역본부의 지원도 미미했다.

두 사람의 단식에도 여미지식물원 사측의 결정은 변하지 않았다. 오히려 2008년 2월 18일 김동도를 포함해 10여 명을 해고했고, 이후 두

여미지식물원 노동조합 초대 위원장이었으며 제주관광산업노동조합 여미지식물원 지부장인 김동도는 부국개발의 여미지식물원 정리해고 방침에 항의하며 2008년 1월 식물원 타워 꼭대기에서 단식을 벌였다.

차례에 나눠 5명을 추가로 해고했다. 세 번의 희망퇴직 신청을 받아 12명이 퇴직했다. 비정규직으로의 전환과 희망퇴직을 모두 거부해 해고된 15명 전원은 김동도와 함께 영업 업무를 맡던 직원이었다. 이 가운데 13명은 여성이었고, 그 가운데 5명은 출산 또는 육아를 목적으로 휴직 중이던 직원이었다. 사실상 노동조합을 무너뜨리려는, 특히 여성 노동자를 겨냥한 정리해고였다.

김동도가 겪은 첫 번째 해고였다. 2008년 5월에 해고자들은 제주지방노동위원회에 구제신청을 냈다. 매우 길고도 험난한 법정 싸움의 시작이었다. 제주지방노동위원회는 2월 18일에 해고한 10명을 복직시키라는 명령을 내렸으나, 회사는 중앙노동위원회에 재심을 신청했다. 중앙노동위원회 역시 10명을 복직시키라는 판결을 냈다. 부국개발은 서울행정법원으로 사건을 가져가면서 노동위원회의 결정을 이행하지 않으며 버텼다. 하지만 서울행정법원 역시 부당해고를 인정하고 복직을 판결했다. 부국개발은 다시 서울고등법원에 소를 제기하며 시간을 끌었다. 김동도 위원장을 포함한 해고자들은 제주와 서울을 오가며 2008년을 보내야 했다.

2008년 2월 제주지역관광산업노동조합은 마침내 공공서비스노조 시설지부 제주지회를 상급 단체로 정했다. 창립하고 두 해도 더 지나서 소속을 갖게 된 것이다. 2009년 4월 민주노총 공공서비스노조 제주지부가 설립되었고, 김동도를 지부장으로 선출했다.

이즈음부터 김동도는 사회당 활동에 더욱 적극적으로 참여했다. 이미 2007년 선거에서 금민 대통령 후보를 위해 제주에서 활동한 바 있었다. 김동도는 민주노동당과 진보신당에 가려 사회당이 진보정당으로서 제대로 알려지지 못한 제주에서 사회당을 알리기 위해 여러 가지를 시도했다. 거리 행진도 펼쳤고, 2010년 2월에는 최광은 대표를 초청해 사회당과 기본소득운동을 알릴 기회를 만들었다.

2010년 3월 20일에는 〈"상상하라!! 다른 제주는 가능하다" 제주사회포럼 2010〉의 사회복지섹션의 토론회 "제주에서 보편적 복지 가능하다"에 사회당 제주도당 정책위원장 자격으로 토론자로 참석하여, 기본소득 도입을 주장했다. 2010년 5월 27일에는 6월의 지방선거를 앞두고 TV 토론에 직접 나서기도 했다.

지방선거의 결과가 만족스럽지는 못했지만, 이 즈음에 김동도에게 그나마 다행스러운 일은 부당해고에 대한 재판에서 승소한 것이다.

2010년 7월 21일, 서울고등법원은 부국개발(주)의 항소를 기각하고, 김동도 등 10여 명을 8월 9일 자로 복직시키라고 판결했다. "부국개발(주)가 해고 범위를 최소화하기 위한 가능한 모든 조치를 다했다고 볼 수 없고 경영난의 주된 원인을 지나치게 영업부의 실적 부진에

2009년 12월 19일 제주에서 기본소득 도입을 주장하는 행진이 펼쳐졌고, 김동도 공공연맹 제주지부장은 "MB정권 심판"을 등에 달고 행진했다.

만 제한해 해고 범위를 확대했다." "또 부국개발(주)가 연령, 징계 여부, 부양가족 등 요소를 반영해 환산 점수를 산정한 후 자체적으로 대체 불가자를 정해 해고 대상자를 선정한 사실이 확인된다." "근로기준법에는 남녀의 성을 이유로 차별해서는 안 된다고 규정하고 있지만 전체 해고자의 86%가 여성으로 선정돼 선정 기준이 합리적이고 공정치 못했다." 여미지식물원 해고자들의 완벽한 승리였다.

김동도 등은 2010년 8월에 복직했다. 하지만 회사는 복직된 사원들에게 해고 이전과는 다른 업무를 시켰다. 다시 싸움이 시작되었다. 복직된 해고자들은 출근하되, 원직 복직을 요구하며 근무를 거부했다. 사측은 다시 이들을 징계했고, 2011년 1월과 2월에 양창하와 김동도를 각각 해고했다. 김동도로서는 두 번째 겪는 해고였다.

해고자 김동도는 부당한 해고에 맞서 싸우는 한편, 두 가지 계획을

차근차근 실행해 갔다. 하나는 전국적으로 펼쳐지고 있는 새로운 진보정당운동에서 역할을 맡는 것이고, 다른 하나는 민주노총 제주지역본부에서 이제까지보다 더 큰 역할을 맡는 것이었다.

2010년 지방선거 이후 제주 지역에서 사회당 활동이 침체되어 있었다. 2011년 3월 16일 김동도 등 10여 명은 재차 도당 준비위원회 결성을 결의했다. 준비위원장으로 김덕종 전국축협노동조합 제주축협지부장을 선출하였고, 운영위원으로는 준비위원장 이외에 2001년 구로을 지역 국회의원 재선거에서 사회당 후보로 출마했던 김향미와 여미지식물원 해고자 양창하 등을 선출하였다.

2012년 총선과 대선을 앞두고 이른바 '진보대통합'의 목소리가 거셌던 2011년이었다. 민주노동당 당권파의 '패권주의'에 맞서 2008년에 노회찬, 심상정, 조승수 등이 탈당하여 진보신당을 창당한 일이 있었다. 그랬던 두 당은 물론 사회당까지 통합을 이루어야 한다는 것이 2011년 1월부터 시작된 '진보대통합' 논의였고, 민주노총이 이를 중재하는 형식이었다.

사회당은 2011년 4월에 '진보대통합'에 반대하며 회의에서 빠졌다. 진보신당에서는 대표자들이 통합에 합의했으나 통합안은 대의원대회에서 통과되지 못했다. 노회찬, 심상정, 조승수 등 진보신당의 통합 찬성파는 진보신당을 탈당해 후에 민주노동당은 물론이고 노무현계의 국민참여당까지 포괄하는 통합진보당에 합류하게 된다.

김동도는 '진보대통합'을 비판하며 새로운 진보정당을 건설하기 위한 운동에 합류했다. 2011년 3월 19일, "새로운 진보정당, 길을 열다"라는 주제로 서울 대방동 여성플라자에서 토론회를 연 '새로운 진보

복직한 후 2010년 10월 파업 중에 조합 사무실에서 활짝 웃고 있는 김동도(왼쪽에서 네 번째).

정당 연구모임' 준비위원회는 그로부터 한 달쯤 지난 4월 23일, '새로운 노동자정당 추진위원회'('새노추') 준비위원회로 전환하고 여러 세력에게 새노추 참여를 제안했다. 그리고 5월 21일 서울 백범기념관 대회의실에서 새노추 발족식이 있었고, 허영구 상임대표와 김동도를 포함해 10인으로 공동대표단을 꾸렸다. 김동도가 중앙위원으로 참가했던 2011년 11월 6일의 전국노동자회 중앙위원회는 조직을 해산하고 새노추로 재편할 것을 의결했다.

한편, '진보대통합'을 명분으로 주요 인물들이 탈당한 후의 진보신당과 일찌감치 '진보대통합'에 반대했던 사회당이 통합 논의를 이어가 9월 14일에 두 당의 대표는 2012년 2월 28일 자로 합당하기로 했음을 발표했다.

강정마을 기지 건설을 반대하는 투쟁이 한창이던 2011년 8월 27일,

강정마을 의례회관에서 "제국주의와 군사기지 반대! 신자유주의 반대! 비정규직 철폐! 한일공동 국제포럼"이 열렸다. 민주노총 제주지역본부 미조직위원장이었던 김동도는 "신자유주의와 비정규직" 섹션에서 「신자유주의와 노동권의 침해. 제주지역관광서비스산업노동조합 구조조정 저지투쟁을 중심으로」라는 글을 발표하며 그동안 제주에서 구조조정에 반대해 벌인 투쟁을 소개했다.

민주노총 제주지역본부장 활동과 민주노총 혁신 운동 (2011년~2013년)

김동도는 민주노총 제9대 제주지역본부장 선거에 출마하기로 결심했다. 예전에 지역본부 수석부본부장을 지낸 바 있고 당시는 지역본부에서 미조직위원장을 맡고 있고 또한 전국공공운수사회서비스노조 제주지부장을 맡고 있었다. 짝을 이룬 사무처장 후보는 제주예술도립단지회 지회장인 양지호였다.

"차이와 차별을 뛰어넘어 노동자는 하나다!"를 구호를 내건 기호 1번 김동도-양지호 후보는 2011년 11월 24일 있었던 선거에서 61.7%를 얻어 마찬가지로 해고자였던 상대 후보를 이기고 당선됐다. 임기는 2012년 1월 1일부터 2013년 12월 31일까지였다.

김동도와 양지호 후보는 선거 기간 동안 똑같은 모양의 신발을 신고 현장을 누볐다. 두 사람은 당선이 확정된 후에도 공약처럼, 열악한 환경에 있는 비정규직과 저임금 노동자의 노동조건 개선을 위해 노력하겠다고 포부를 밝혔다.

민주노총 제주본부 '노동자' 그 이름으로 다시 태어나겠습니다

차이와 차별을 뛰어 넘어
노동자는 하나다!!

주요 공약
1. 제주본부 운영의 혁신
2. 장기투쟁사업장 지원 강화
3. 확실하게 투쟁하는 제주본부 건설
4. 민주노총 임원 직선제 추진
5. 미조직·비정규·저임금 노동자·청년실업의 문제해결을 위해 앞장서겠습니다.
6. 읍면동 단위지역중심의 노동자 공동체 건설
7. 영리병원·영리학교·해군기지·FTA저지
8. 성평등 자문단 구성

김동도 (본부장 후보)

양지호 (사무처장 후보)

1

민주노총 제주본부 제9대 임원선거 기호

2011년 11월 민주노총 제주지역본부 제9대 임원선거에 출마한 김동도—양지호 후보는 민주노총 혁신과 제주 지역 문제 해결을 공약으로 내세웠다.

김동도 제주지역본부장은 2012년 1월 19일 임기 첫 민주노총 제주본부 집행위원회를 주재하고 2012년에 진행할 주요 사업들을 심의했다. 또한 당시 제주교육청에서 진행하려고 하는 학교 급식 조리 노동자들에 대한 대규모 해고에 맞서 적극 투쟁에 나서자고 결의를 밝혔다. 3월부터 시작된 MBC 총파업을 지지하는 자리에서는 그 파업이 이명박 정권의 언론 장악에 맞서는 투쟁이 되어야 함을 역설했다. 10월에는 '민주노총 제주본부 2012년 단결 한마당'을 열어 조합원 가족도 참여하는 자리를 마련했다.

오래 전부터 제주 지역의 여러 문제를 해결하는 데 적극적으로 나섰던 사람이었다. 그런 그가 제주지역본부장으로서 지역에서 펼친 활동을 일일이 거론하는 것은 불가능할 것이다. 특별한 점만 거론하자면, 2013년 4월에 4·3항쟁을 계승하는 민주노총 전국노동자대회를 주관했고, 5월 1일에는 특별히 서귀포 강정 해군 기지 건설에 반대하는 것으로 123주년 세계노동절 행사를 대신했다.

제주지역본부장 김동도는 2012년 1월 5일에 처음으로 민주노총 중앙집행위원회에 참여했다. 의장은 '진보대통합'을 주장해 온 김영훈 총연맹위원장이었다. 그날 김동도는 김영훈 위원장의 '진보대통합'에 반대하는 "3자통합당 배타적 지지 반대와 올바른 노동자계급정치 실현을 위한 선언운동 돌입 기자회견"에 참석했다. 민주노총 대회의실에서 열린 이 기자회견은 시작일 뿐이었다. 중앙집행위원회에서 정치 방침과 총선 방침을 두고 토론이 벌어질 때마다 김동도 본부장은 통합진보당이 민주노총이 배타적으로 지지해야 할 정당이 아님을 주장했고, 위원장이 무리하게 방침을 결정하려는 것에 문제를 제기했다.

사회당과 진보신당이 새로운 진보신당이 된 직후인 2012년 2월 29일, 김동도 지역본부장을 비롯한 제주 지역 활동가들은 기자회견을 열며 "진보좌파 통합 정당을 위해 진보신당에 입당하고 통합진보당에 대한 배타적 지지를 철회한다"라고 밝혔다. 신자유주의 세력인 국민참여당이 통합진보당에 참여하고 있고, 통합진보당에 대한 지지 방침이 총연맹 대의원대회에서 부결된 후 중앙집행위원회에서 일방적으로 결정되었다는 것이 이유였다.

한편, 2011년 5월에 발족한 '새로운 노동자정당 추진위원회'('새노추')는 2012년 3월의 공동대표단 회의에서 '(가칭) 자본주의철폐좌파노동자회' 결성을 제안했다. 진보신당과 사회당이 합당했으니, 노동자정당이 아닌 새로운 노동자운동 단체가 필요하다는 생각이었다. 4월 한 달 동안 전국을 돌며 간담회를 연 뒤 2012년 4월 29일 '좌파노동자회'가 창립했다. 김동도는 창립 공동대표 10인 가운데 하나였다. 좌파노동자회 제주위원회는 2012년 5월 29일 문도선 공공연맹 제주지부 더호텔 분회장을 위원장으로 하여 출범했다.

좌파노동자회는 "금융수탈체제 종식, 비정규불안전노동자 조직화, 민주노조운동 혁신, 노동자계급정치 실현"을 기본 목표로 삼고 있었다. 2012년 6월 30일부터 7월 1일까지 열린 좌파노동자회 제1차 중앙위원회는 2012년 정치 방침으로는 "한국에 신자유주의를 도입한 세력을 배제한 좌파정당의 창당에 적극적으로 참여"할 것과 "12월의 대통령선거에서 좌파의 후보가 좌파의 의제와 공약으로 선거 완주를 성공할 수 있도록 투쟁"할 것을 정했다. 또한 2012년 민주노조운동 혁신 방침으로는 "임원 직선제" 관철을 위해 싸울 것과 "통합진보당을 지지

2012년 4월 29일 좌파노동자회가 창립되었고, 그해 5월 29일 좌파노동자회 제주위원회가 출범했다. 허영구 좌파노동자회 대표(왼쪽)와 문도선 제주위원회 위원장(오른쪽) 사이에 김동도 민주노총 제주지역본부장이 서 있다.

하는 민주노총 주도 세력을 대중적으로 심판하기 위해"제7기 민주노총 임원 선거에 임할 것을 정했다.

　민주노총 임원을 조합원이 직접 선출한다는 규정은 이미 2007년에 마련되었다. 다만 2010년 선거부터 시행한다는 단서가 달려 있었다. 그러다가 시행을 1년 앞둔 2009년에 직선제 시행을 3년 다시 유예하자는 안건이 통과되었다. 그렇게 2010년 1월 28일 대의원대회를 통해 선출된 제6기 김영훈 집행부도 직선제 문제에서는 마찬가지 모습이었다. 김영훈 집행부는 2012년 9월 26일 임시대의원대회에서 또 다시 직선제를 유예하자는 규약개정안을 상정하려 했다. 좌파노동자회 회원들은 대회장에서 김영훈 집행부 총사퇴 촉구와 직선제 사수를 위한 기자회견을 열었다. 이날은 성원 미달로 그 안건이 처리되지 못했다. 11월 7일 김영훈 위원장은 사퇴했지만, 11월 30일 다시 열린 임시대의원대회에서 직선제를 3년 유예하자는 개정안이 통과되었다.

좌파노동자회는 좌시하지 않았다. 한편으로는 조합원의 권리를 박탈한 총연맹 집행부를 폭로하고 규탄하는 문건을 배포하였고, 다른 한편으로는 11월 30일 대의원대회 진행이 정상적이지 않았음을 밝혀냈다. 중앙집행위원이었던 김동도 제주지역본부장이 나서서 대회 참석 대의원 명부와 투표자 명부를 확인해 보니 부정과 부실이 매우 많았던 것이다.

민주노총 중앙집행위원회는 김동도 제주지역본부장이 제시한 증거를 인정하며 진상조사단을 설치해야 했고, 결국 민주노총 제20차 중앙위원회는 직선제 유예 규약개정안을 통과시킨 11월 30일의 제55차 대의원대회가 무효임을 의결했다. 김동도 중앙위원의 제안으로 비상대책위원회를 구성하기로 했고, 12월 11일 백석근 건설산업연맹 위원장을 비상대책위원장으로 결정했다.

하지만 해가 바뀌자마자 백석근 민주노총 비대위원장은 다시 임원 직선제를 연기하자는 내용의 규약개정안 등을 처리할 제56차 대의원대회를 소집했다. 임원 직선제의 즉각적 실시를 주장해 온 세력, 특히 좌파노동자회는 결국 비대위원장 집무실인 민주노총 위원장실을 점거하는 방법을 택했다.

2013년 1월 24일 제56차 대의원대회가 열렸고, 임원 직선제 유예를 담은 규약 개정안이 통과되었다. 민주노총 혁신을 위해 해결해야 할 중요한 과제였던 임원 직선제 문제는 새로운 국면에 들어섰다.

백석근 민주노총 비대위원장이 다시 임원 직선제를 연기하기 위해 대의원대회를 소집하자 2013년 1월 14일 이에 항의하는 위원장실 점거 농성이 시작됐다. 비장한 농성을 알리는 기자회견을 시작하려던 차에, 플래카드에서 "장소: 민조노총"이라는 오자를 발견하고 김동도 제주지역본부장(오른쪽에서 세 번째) 등이 웃고 있다.

투병, 그리고 혼신을 다한 마지막 활동들 (2013년~2017년)

2012년 7월 서울행정법원의 판결로 김동도는 복직했다. 두 번째 해고에 이은 두 번째 복직이었다. 하지만 "직번 10036" 김동도는 8월 6일 세 번째로 해고된다. 인사위원회는 "교육 및 업무 거부의 주동" "근태불량" "상사 지시 거부 및 업무 방해" "불법 파업 행위 및 장기 무단 결근" 등을 이유로 내세웠다. 다시 법정 싸움을 시작해야 했다.

좌파노동자회는 2012년 대통령 선거에 대한 입장을 일찌감치 정해 놓은 바 있었다. 하지만 사회당과 합당한 진보신당이 대통령 선거 후보를 내지 않기로 결정하고, 노동자 후보임을 내세운 후보 둘이 각

각 무소속으로 출마하면서, 좌파노동자회가 어떤 후보를 지지할 것인가를 놓고 토론이 벌어졌다. 2012년 11월 10일에 열린 좌파노동자회 3차 중앙위원회(임시)는 결국 두 후보인 김순자와 김소연 누구도 조직적으로 지지하지 않으나 회원 각자는 특정 후보를 지지할 수 있다고 결정했다.

김동도 제주지역본부장 역시 기자회견을 열어 민주노총 제주지역본부는 두 노동자 후보를 지지한다고 밝혔다. 2012년 12월 19일에 진행된 제18대 대통령 선거는 새누리당 박근혜 후보의 당선으로 끝났다.

2013년, 김동도는 다시 제주지역본부 업무에 매달렸다. 지역본부 대의원대회도 준비해야 했고, 지역에서의 노동자대회도 준비해야 했다.

하지만 민주노총 임원 선거 문제는 아직 남아 있었다. 2013년 민주노총 제7기 임원은 여전히 대의원대회에서 선출될 것이었다. 임원 직선제를 줄기차게 주장해 왔던 좌파노동자회는 대의원대회에서의 임원 선거 참여를 놓고 토론을 벌여 참여를 결정했다. 이갑용과 강진수 두 회원을 각각 위원장과 사무총장 후보로 결정했다.

2013년 3월 20일에 열린 제57차 민주노총 대의원대회에서 임원 선출이 있었다. 좌파노동자회 소속의 이갑용-강진수 조가 1위를 차지했으나 득표가 과반에 미달했다. 민주노총 선거 규정에 따라 최다득표 후보에 대한 찬반 투표가 진행되어야 했으나, 그사이 자리를 떠난 대의원들이 있어 성원 미달로 대의원대회는 더 이상 진행될 수 없었다. 직선제를 미루자는 규약 개정안을 통과시킨 대의원대회가 그랬듯이, 임원을 선출하는 대의원대회도 진행과 운영이 투명하지 않았다.

이 대의원대회 며칠 후인 3월 26일에 열린 민주노총 제5차 중앙집행위원회에서 김동도 제주지역본부장은 3월 20일의 제57차 대의원대회를 '유회'로 결정한 것을 두고 문제를 제기했다. 그 다음 중앙집행위원회에서는, 앞으로 임원 선출을 위해 열릴 대의원대회가 제57차의 연장인지 제58차인지를 놓고도 문제를 제기했다.

이갑용 후보와 위원장 자리를 놓고 경쟁했던 백석근 후보가 사퇴를 발표한 상태에서, 2013년 '제58차' 민주노총 대의원대회가 열렸다. 이갑용-강진수 조만 후보로 등록해 찬반을 묻는 식으로 임원 선출이 이루어졌다. 정족수를 확인하고 대의원대회가 시작되었으나, 후보 선출을 다루는 안건에 대한 투표자가 과반에 미달했다며 투표는 무효가 되어 개표도 이루어지지 않았다.

김동도 제주지역본부장은 그날의 대의원대회 진행에 대해서 중앙집행위원회에서 끝까지 항의했으나 소용이 없었다. 결국 7월에 열린 임원 선거에 다시 도전했던 이갑용-강진수 조는 낙선했다. 좌파노동자회와 김동도로서는 반년이 넘는 민주노총 임원 선거의 끝이었다.

민주노총 임원 선거에 몰두하는 한편 강정마을 기지 건설에 반대하는 투쟁이 한창이던 2013년 5월 14일, 중앙노동위원회는 여미지식물원 사측의 김동도 등에 대한 징계 양형이 부당하다고 판결했다. 기나긴 복직 싸움에 희망이 보였다.

하지만 희망은 여기까지였다. 복통이 너무 심해 제주한라병원에서 검사를 받은 김동도 지역본부장은 위암 진단을 받았다. 2013년 6월 25일이었다. 이미 복막까지 전이된 4기여서 수술은 불가능하고 완치도 어렵다는 진단이었다.

2014년 『월간 좌파』가 기획한 좌담회에 참석한 김동도는 항암 치료의 후유증으로 머리가 빠진 것을 가리기 위해 모자를 썼다.

건강을 돌보지 않은 것을 후회했으나 이미 지난 일이었다. 치료에 전념하기로 하고, 희망을 갖고 서울을 찾았다. 수술할 수 없다는 진단은 신촌세브란스병원도 마찬가지였다. 그래도 7월 20일부터 치료를 시작했다. 암의 진행을 늦추고 증상을 완화시키는 '고식적 항암 치료'였다. 3주 간격으로 제주와 서울을 오갔다. 처음에는 치료 직후의 후유증이 너무 심해 바로 제주로 갈 수가 없었다. 서울 화곡동에 사는 형의 집에서 묵기도 했고, 동지들의 집에서 묵기도 했다.

엎친 데 덮친 격으로, 2011년 김동도의 해고가 부당하다며 복직시키라는 서울고등법원의 판결에 불복해 여미지식물원 사측은 2013년 12월 24일 대법원에 상고했다.

김동도는 해가 바뀌도록 제주와 신촌세브란스병원을 오가며 치료를 받았다. 법원 출석과 병원 치료가 겹치는 날이면 진단서를 받아 법원에 제출해야 했다. 그러던 중 분당서울대학교병원에서는 수술이 좋은 결과를 가져올 수도 있다고 진단했고, 김동도는 수술을 받기로 결심했다. 항암 치료 자체가 너무 고통스러운 데다가 호전되는 기미가 없었기에 내린 결심이었다.

2014년 5월 20일에 수술을 받았고, 수술 이후 경과가 좋아지는 듯했다. 물론 2주나 3주마다 항암 치료를 받고 나면 며칠 동안은 아무 것도 먹을 수 없을 정도였다. 제주와 성남을 오가는 시간과 치료 직후의 고통스러운 시간을 빼면, 치료와 치료 사이의 일주일 정도는 활동이 가능했다.

투병 중인 김동도는 혼신을 다해 자신의 역할을 수행하고자 했다. 많은 경우 수석부본부장이 대신하긴 했지만 제주지역본부장의 직을 계속 맡아 임기를 마쳤다.

특히 2013년 9월 대의원대회에서는 민주노총 제주지역본부 임원을 조합원이 직접 선출하도록 규약을 개정했다. 총연맹 임원의 직선을 주장해 온 사람으로서 지역본부 차원에서 할 일을 한 것이다. 유보 조항도 없었다.

『월간 좌파』 2014년 4월호가 기획한 좌담 「제주4·3항쟁 66주기, 제주4·3을 말한다」에도 참여했다. 자신의 아버지의 위패가 4·3평화공원에 안치되어 있다고 밝혔고, 그런데도 오래도록 "4·3"을 입에 담을 수 없었던 이유를 설명했고, 민주노총 제주지역본부가 앞장서서 진상을 확실히 밝혀야 한다고 역설했다.

항암 치료를 받는 동안에도 김동도는 여미지식물원 노동조합, 민주노총 제주지역본부, 좌파노동자회 등의 행사를 찾아 동지들을 만났

투병 중 딸 주리 씨와 함께 산에 오른 김동도.

다. 2015년 3월 칠곡에서 열린 좌파노동자 중앙위원회에서는 부대표로 인준을 받았다. 2016년 11월 11일에는 민주노총 제주지역본부 대회의실에서 열린 '민주노총을 말한다. 열린 토론회'에 '전 본부장' 자격으로 참석하여 토론했다. 강정 기지 건설에 반대하는 집회에 참가하려던 일본 평화운동가 오우치 데로우가 공항에서 입국을 거부당하자 이에 항의하는 1인시위를 벌였다.

2015년 11월, 대법원 판결로 김동도는 세 번째 해고 끝에 세 번째 복직했다. 하지만 당장 일할 수 있는 상태의 몸이 아니었다. 1년 동안 휴직한 뒤에야 복직하기로 했다.

김동도 위원장이 자신의 마지막 힘을 그동안의 대의와 동지에게 바쳤다는 가장 큰 증거는 노동당 제주도당 위원장을 맡은 것이다. 2017년 1월, 김동도는 제6기 노동당 제주도당 위원장에 선출되었다. 2월 1일부터 2년 임기의 자리였다. 출사표의 한 구절은 이렇다. "제가 편치 않은 몸으로 또 다시 현장의 여러분 앞에 나서고자 하는 이유는 그동안 지역에서 노동자의 입으로 노동자정치를 말하고 노동자의 손으로 민중의 삶을 책임지겠노라 했던 말과 실천에 대한 20년의 약속을

2017년 5월 여미지식물원 노동조합이 협상을 마친 뒤 사진을 찍는 자리에 김동도 전 위원장이 함께했다. 왼쪽에서 다섯 번째 많이 마른 사람이 김동도다.

지키기 위해서입니다."

병세가 악화되어 갔다. 신장 기능이 눈에 띄게 떨어졌다. 암이 온 몸으로 퍼졌다. 2017년 5월 15일, 항암 치료를 중단하기로 결정했다.

주변을 정리하기 시작했다. 5월 25일에 여미지식물원에서 협상이 타결되었을 때 축하하며 찍은 사진이 그가 여러 동지들과 찍은 마지막 사진이다.

더 이상 움직이는 것조차 힘들어진 김동도는 제주한라병원에 입원해 마지막을 준비했다. 딸 주리 씨가 아버지 곁을 지켰다. 많은 동지가 김동도를 찾았고, 차마 볼 수 없을 정도로 야윈 김동도는 그래도 의연한 모습이었다. 병문안은 환자가 마무리하지 못한 일들에 대해 동지들에게 부탁하는 자리가 되었다.

2017년 6월 27일, 김동도 위원장은 병실에서 쉰다섯 해의 삶을 마감했다.

전국에서 그를 추모하는 참으로 많은 사람이 6월 29일 오후 8시 제주 부민장례식장에서 '고 김동도 노동열사 추모제'를 열었다. 이 자리에서 여미지식물원 노동조합은 늦게나마 김동도 위원장에서 감사패를 바쳤다. 살아 있다면 사양했을 그 감사패는 주리 씨가 아버지 대신 받았다.

그를 아는 사람이라면, 그토록 많은 이가 전국에서 모여 그가 가는 마지막 길을 함께한 이유를 잘 알 것이다. 한없이 동지를 존중하고 사랑하는 사람이었다. 겸손했지만 단호할 때는 무서울 정도로 단호한 사람이었다. 함께 결정한 일은 어떠한 어려움이 있더라도 이루어 내려 한 사람이었다. 이룬 성과가 값진 것은 분명하지만, 그 성과보다도 인격과 책임감으로 주변에 사람이 참 많았던 김동도 위원장이었다.

2017년 6월 30일, 화장된 후 양지공원에 안치되었다.

제2부
남긴 글

인사말[*]

2002년 한 해 동안 수고하신 조합원 동지, 여미지 노동조합을 아껴주신 모든 분들께 감사의 인사를 드립니다.

2002년은 민주노총을 중심으로 국가기간산업 매각 중단, 주5일 근무 쟁취 투쟁, 노동운동 탄압에 대한 투쟁 등, 우리 사회의 노동조건 악화에 저항하는 투쟁을 전개하였습니다. 제주 지역에서도 한진면세점의 불법파견과 비정규직 차별에 대한 철폐 투쟁을 끈질기게 전개하였습니다. 그러나 대자본과 정부에 대한 노동조합의 투쟁은 그 힘이 미치지 못하는 결과를 남겼습니다. 자본과 정권은 정리해고와 공기업 사유화 등 신자유주의 구조조정 정책의 속도를 늦추지 않고 있으며, 우리 노동자들은 강력하고 끈질긴 투쟁에도 불구하고 가슴 아픈 상처만이 남는 결과를 보면서 2003년을 맞아야만 했습니다. 그러나 전 조합원 징계해고라는 사상 유례 없는 노동조합 탄압 속에서도 7개월 동안의 끈질긴 투쟁을 전개하고 있는 한라병원 동지들이 2003년을 이어가고 있습니다.

여미지식물원 조합원 동지 여러분.

작년 한 해 여미지 노동조합은 대내외적 어려운 사회, 정치적 환경에도 불구하고 2002년 임단협 승리를 위한 해로 만들기 위한 투쟁을 했습니다. 그 결과 창립 후 7년 동안 우리가 투쟁하며 성장하여 쌓아

---

[*] 이 글은 전국민간서비스산업노동조합연맹 제주관광식물원여미지노동조합 『2002 활동 보고서』에 실린 김동도 위원장의 인사말이다. (편집자의 주)

온 성과를 2002년 임단협 투쟁을 통하여 확인하였습니다.

그러나 성과만이 있는 것이 아니라, 앞만 보고 달려오다 보니 옆에 있는 동지들의 아픔을 보지 못하고 노동조합의 정당성만을 주장했던 것에 대하여 인정하고 반성하고 있습니다. 이러한 임단협 투쟁의 성과에도 불구하고 2003년을 맞이하는 우리 노동조합은 공기업의 사유화와 주5일 근무를 빙자한 근로기준법 개악 등으로 그 어느 때보다도 많은 과제를 요구받고 있습니다. 특히 경제개발특구법에 맞먹는 제주도 개발특별법 통과로 인하여 자본의 이윤을 위해 우리 노동자의 생존권을 밟고 나아가는 자본 운동이 제주 지역을 중심으로 확장되고 있습니다. 이러한 정치 환경의 변화는 바로 우리 노동조합 노동조건의 악화로 나타날 것이 예상되고 있으며, 단위노동조합의 임단협 투쟁만으로는 해결하기 어려운 문제들이 우리를 힘들게 할 것입니다.

서울시 자본인 공단이 공기업으로서 자본과 정치권력에 편승하여 노동조합의 힘을 약화시키려는 방향으로 노사 관계를 풀고자 한다면, 우리 노동조합은 일개 사업소 노동조합이라는 수적 열세에도 불구하고 노동자의 정당한 요구를 대변하고 비정규직노동자의 투쟁을 선도하는 노동조합으로서 공단과 강력한 투쟁을 전개할 것이며, 민주노총을 중심으로 지역의 동지들과 연대하고 투쟁하는 기초를 마련할 것입니다.

그리고 노동조합 자체의 힘을 키우기 위하여 조합원의 의사소통을 원활히 하는 조건들을 만들어 나가겠습니다. 조합원 간의 의사소통이 마비된다고 한다면 흐르지 않는 물이 썩듯이 노동조합도 마찬가지로 부패하고 말 것이기 때문입니다. 소속 조합원 간의 의사소통은 물론 타 노동조합과의 연대의 과정에서도 논쟁을 피하지 않고 노동조합의 희망을 모으는 논의의 장을 만들어 갈 것입니다.

또한 항상 학습하고 노력하는 노동조합으로 다시 시작하겠습니다. 투쟁의 힘은 바로 알고 그것을 실천하는 데에서 오는 것이라고 믿고 있습니다. 노동의 조건은 노동조합의 조합원들이 얼마나 알기 위한 노력을 했느냐에 따라 달라지는 것이기 때문입니다. 항상 고민하고 노력하지 않으면 자본의 전략에 넘어갈 수밖에 없다는 것은 7년 동안의 조합 활동과 투쟁에서 익히 잘 알고 있습니다.

마지막으로 올 한 해는 현재의 노동환경을 바꾸는 주체로서의 노동조합으로 거듭나고 보람 있는 날이 계속 이어지기를 소망합니다. 활동 보고서를 빌어 2002년의 성과와 반성을 동지들과 함께 나누고 싶었지만, 조합원 동지들의 뜻을 제대로 반영하지 못한 것에 대하여 죄송하게 생각하고 이 점 널리 이해해 주시리라 믿습니다. 쓴 소리도 달게 받겠습니다.

여미지식물원 조합원 동지 여러분.

한 해의 노동조합 활동들을 동지들에게 보고 형식의 지면을 통하여 인사드리게 됨을 다시 한 번 감사드립니다. 활동 보고서는 끝을 말하는 것이 아니라 잘못을 바로 세우고 시작을 계획하고 다짐하는 것이어야 함을 압니다. 그러나 늘 그렇듯 형식적이면서 의례적인 행사로 조합원 동지들의 무관심 속에 묻혀 버리지나 않을까 우려됩니다. 동지들의 참여와 관심이 몇 페이지 안 되는 보고서지만 알차게 만들어 갈 수 있을 것입니다.

더불어 동지들과 함께한 여미지노동조합 창립 7주년을 맞으면서 그간의 동지들의 노고에 감사를 드립니다. 사람의 나이로 초등학교 입학 할 나이가 됐습니다. 아직도 어리지만 처음 시작할 때 순수함을 간직한 노동조합으로 다시 시작합시다. 활동 보고서를 만들기 위해 고생하신 편집위 동지들께도 감사드립니다. 조합원 동지 여러분 새해 복 많이 받으시고 건강한 한 해가 되길 바랍니다.

제주관광노조 건설을 위하여[*]

Ⅰ. 추진 배경

1. 제주지역관광산업노동조합협의회의 출범과 활동 평가

지역산별노조 건설의 필요성을 말하기 시작한 것은 제주도 내 조직된 관광 사업장 노동조합들의 관광노조협의회를 통해서였다. 1999년도에 시작된 협의회는 11개 단위노조로 구성되었으며 조합원 수도 1,000명이 넘었다. 노동조합이나 조합원 수가 노동조합의 힘을 결정짓는 것은 아니지만, 노조 조직화가 미미한 제주 지역의 노동조합 조직률과 비교하면 제주 지역 안에서 노동자의 목소리를 낼 수 있는 구조로서의 조건은 만들어져 있다고 보아도 무리는 아니라고 본다. 중요한 것은 미조직노동자의 조직화와 비정규직 차별을 철폐하기 위한 활동과 연대 투쟁의 실천을 담아내려고 했다는 점에서는 높게 평가할 만하다는 것이다. 돌이켜보면 제주 지역 관광 노동자들이 하나가 되어야한다는 순수함과 노동자의 계급적 단결을 추구하려는 노동조합의 원칙에 비춰 볼 때 부끄럽지 않은 노동조합 연합단체였다고 생각한다.

그러나 노동조합의 기본이 되는 자주적 연대체 혹은 협의체 노동

---

[*] 이 글은 2005년 제주지역관광산업노동조합 추진위원회가 제주지역관광산업노동조합으로의 조직 전환을 앞두고 사업장별로 투표가 진행될 때 그동안의 경과를 설명하고 앞으로 해결할 문제를 설명하여 조합원들의 이해를 돕기 위해 작성되었다. 최종적으로 글을 정리한 사람은 제주지역관광산업노동조합 초대 위원장에 출마할 양창하지만, 김동도 위원장이 주도한 토론의 결과이기에 여기에 싣는다. (편집자의 주)

조합이라고 볼 수 있지만, 상급 연맹을 달리한다는 차원에서는 양다리가 아닌 한쪽 다리로 같이 걸어야 하는 부자유스런 상태라고 말할 수 있었다. 한마디로 민주노총과 한국노총의 통합적 성격을 지닌 지역 연합 협의체라고 말할 수는 있지만, 한국에서의 노동조합 구조상 조직의 차이가 이념을 결정짓는 구조 속에서는 어느 쪽으로도 기울 수 없는 중심 잡기에 신경이 쓰였던 것이 사실이다.

그래서 조직된 노동조합의 연합체라는 성격의 협의회는 전국적 차원의 한국노총은 물론 민주노총에서조차도 곱지 않은 시선을 받아 왔다. 이렇듯 협의회의 이념이나 목적은 설정되었지만, 활동가들이 역량 부족과 외적 장애 요인들을 슬기롭게 극복하지 못하였다는 것에는 할 말이 없다.

그렇지만 협의체를 통하여 얻어낼 수 있었던 것은 제주 관광 노동자들의 단일한 구조로서 단일한 노동조합으로 가야 한다는 현장의 소리를 들었던 것이다. 결국 연맹 통합 과정에서 제주 지역 관광 노동조합들은 상급 연맹을 중심으로 한 조직적 변화에 자연스럽게 편승되게 되었고, 지역의 관광노조협의회의 활동에도 구심점을 잃는 결과를 낳기도 하였다.

2. 통합연맹의 출범과 서비스연맹 혁신 운동

민주관광연맹과 상업연맹이 통합해 2001년 2월 서비스 노동자들의 단일한 전국 조직으로서 전국민간서비스산업노동조합연맹이 출범하였다. 이는 산별노조 건설을 토대로, 비정규노동자 비율이 타 직종에 비해 비교적 높은 서비스 노동자의 열악한 노동환경을 바꿔 내기 위한 기반을 마련하였다는 점에서 의미가 크다고 하겠다.

　제주 지역의 관광 노동자들은 더욱 차별 받는 노동자 입장에서 남성과 여성, 정규직과 비정규직의 차별을 철폐하고자 출범한 통합연맹의 투쟁 목표와 과제에 동의하여 통합연맹에 참여하였다. 서비스연맹을 통해 제주 관광 정책에서 노동자가 주체가 되어야 한다는 요구를 담고 있다는 것에 동의함은 물론, 전체 노동자의 문제를 담기 위한 그릇으로서의 역할을 기대하였다.

　민주노총과 서비스연맹을 중심으로 전체 노동자의 단결을 이뤄 낼 수 있도록 하기 위한 희망에서 제주 지역사회에서도 시대적 요구에 부응하고자 했던 것이다. 그러나 민주노총 발전 전략의 일환으로 이름뿐인 산별노조 건설의 조직적 결정을 따르는 것에 불과하였고, 민주노조운동의 정신을 계승할 서비스 노동자들의 단일한 조직으로 나아가는 데는 시작부터 일정한 한계를 드러내고 있었다.

　결과를 통해서 과정을 냉정하게 평가한다면, 두 개의 연맹의 통합은 기계적 결합에 불과하였으며, 덩치는 커졌지만 행동은 외형만큼 따라가지 못하는 문제와 정상적인 발전에 많은 장애를 갖고 있었다.

　부끄럽게도 두 연맹의 조직적 통합이라고 보기보다는 개인적 자리다툼의 장이 되어 노동조합의 관료적 행태를 거리낌 없이 보여 왔으며, 단순한 기업별 노조의 연합단체로서 산별연맹의 한계를 드러내게 되었다. 이렇게 태생부터 정상적으로 발전할 수 있는 조직이 아니었다는 것이 출범 1년도 안 되어 내부로부터 나타나기 시작했다.

　이러한 시점에서 연맹 내부의 문제를 제기한 일부 연맹 상근자들에 대하여 해고를 시키는 등 서비스연맹 내부에는 민주노조의 원칙과 대의를 무시한 관료적 노동조합의 단면을 보여 주는 사태가 나타나기 시작했다. 이에 연맹 소속 제주 지역 노동조합들은 연맹 개혁과 더불어 연맹의 비민주적인 행태들과는 차별성 있는 실천적 투쟁을 위해 제주지역관광산업노동조합을 건설하기 위한 준비를 하게 되었다.

Ⅱ. 이념 및 건설 방향

1. 창립 준비

2004년 추진위 정기대의원대회에서는 각 단사별로 8월 말까지 모든 조직적 결정을 마치고 9월에 출범준비위를 구성하여 2004년 12월 중에 출범을 하기로 결정하였다. 하지만 12월 이후 준비위 과정을 답보 혹은 실패로 평가하고 재출발을 선언했다. 추진위는 스스로가 선언했던 창립의 정신을 구현하는 데 현재의 능력이 크게 부족함을 인정한다. 그러나 수차례 운영위원회를 통하여 이후의 지속적인 노력을 했음은 물론이다. 현장에서부터 출범의 의의를 인정하는 조합원들의 요구가 통합노조건설추진위에 전달되도록 하기 위한 활동과 현재 벌어지고 있는 노동조합의 투쟁 상황을 서로 공유하고 연대하면서 조직해야 한다는 의견들이 개진되었다. 노조건설추진위 활동에 대한 공식적인 평가는 없었지만 "뜻은 옳은데 실제 추진 과정에서 문제가 있다"거나 "이념이나 건설 방향이 여전히 추상적으로 진행되고 있다"라는 평가를 하고 있다. 이러한 평가에도 불구하고 2005년 정기대의원대회에서

5월 1일을 출범 대회 일자로 상정하고 단일한 통합 노동조합으로 다시 태어나기 위한 결의를 다시 한 번 다졌다. 무엇보다도 준비 과정의 문제들을 풀어 가기 위한 실천적 단계로 각종 준비위 프로그램에 맞춰 착오 없이 진행할 것이다.

2. 제주관광노조의 이념 및 방향

오늘의 제주는 관광산업이 주종을 이루고 있으며 계속적으로 관광자원 개발이 이루어지고 있다. 하지만 관광 노동자의 입지는 좁아지고 있으며 비정규직의 수만 늘어나는 것이 현실이다. 이러한 지역의 현실을 감안한다면, 기업별로 임·단협 투쟁에만 올인 하거나 협의체 수준에 머물러 있을 수 없는 것이다. 어떻게든 연대를 통한 공동의 요구를 담아내야 하고, 민주노조운동의 위기를 초래한 결정적인 이유, 즉 조합 이기주의를 뛰어넘는 연대의 전망을 제시해야 한다.

지역 관광노조 건설을 통하여 단위노조 이기주의와 조합주의 성향의 노동운동을 철폐하고 단위노조의 협의체가 아닌 새로운 질서 속에서 단일한 노조를 건설하고자 한다.

정규직과 비정규직, 여성과 남성, 모든 노동자는 노동자라는 동일한 주체임을 인식하고 제주 지역 관광 노동자로부터 새로운 노동조합운동의 계기로 만들어 가면서 각자가 소속된 회사에서의 노동자 권리를 위한 활동이 아니라 전체 노동자의 권리를 위한 사고를 배우고 실천하게 함으로써 노동조합운동의 새로운 장으로 만들어 나가고자 한다.

3. 연대 투쟁 정신 계승

최근 제주 지역 노조 투쟁의 역사를 말하자면 97년의 여미지식물
원, 99년 크라운프라자호텔 노조의 파업 투쟁, 2000년 파라다이스카지
노 노조의 파업 투쟁, 2002년의 한라병원, 한진관광 노조 파업 투쟁과
2004년 퍼시픽랜드, 여미지식물원노조 파업 투쟁을 우리는 작지만 소
중한 투쟁으로 기록하고자 한다. 비타협적 투쟁의 성과로, 작지만 연
대 정신의 필요성을 실천한 투쟁이었다고 말하고 있다. 그러나 단위노
조별 파업 투쟁 과정에 냉정한 평가를 내린다면, 각개전투 식, 기업별
노조의 임 · 단협 투쟁에 머물고 있고, 근본적인 문제의 해결 방식을
찾는 투쟁으로 나아가지 못하고 있는 것이 현재 제주 지역 노동조합운
동의 현실이다. 이러하므로 단일노조건설추진위가 건설 과정에서 투
쟁을 평가하고, 또 파업 사업장 투쟁이 전 도민적인 투쟁을 만들어 갈
수 있다는 가능성을 인식하고, 비타협적 투쟁으로 새로운 질서 속에
단위노조를 통일 단결시켜 나가고자 했음은 매우 뜻 깊은 일이다.

공동의 요구를 전면에 내세워 투쟁의 대상을 명확하게 하고 현장
의 조합원의 뜻을 모아 기업별 노조의 이익을 뛰어넘는 단일한 노동조
합을 건설하는 것이야말로 제주 지역 노동운동에 복무하고 미래 노동
조합의 희망을 만드는 유일한 길이다.

국제자유도시 체제의 노동정책이 본격화되면서 제주 지역에서의
자본의 노동자 탄압은 더욱 거세질 것이다. 제주관광노조는 투쟁하는
노동자들과의 연대를 시작으로 신자유주의 자본에 맞서 지역 노동자
투쟁의 선봉에 서 있을 것이다.

가장 낮은 곳에서부터 출발하고 차별 받고 소외 받는 노동자의 입장에서 생각하고 실천하는 단일한 조직으로 출발하고자 한다. 제주관광노동조합을 통하여 당당하게 자본에 맞서 싸우고 차별 없는 전체 관광 노동자의 권리를 찾을 것이다.

또한 제주 지역 노동조합 활동가를 양성하여 적극적인 계획과 함께 노동조합원 스스로 지역 현안, 노동 현안, 정치 현안 등에 대한 다양한 형태의 자발적 토론 모임을 결성할 수 있도록 지원하는 과정을 통해 전체 노동자의 단결을 높여 나갈 것이다.

Ⅲ. 조직의 정비

1. 민주노총과의 관계

노동조합은 자주적인 조직이다. 가입과 탈퇴는 노동자 스스로가 결정할 사항이며, 우리는 불순한 의도로 연맹을 탈퇴한 것이 아니라 민주노조를 사수하고 정의를 지키고자 했다. 민주노조운동이 똑바로 서기 위한 자신에 대한 채찍인 우리의 탈퇴는 노동조합의 분열과는 거리가 멀다. 무엇보다도 민주노총의 향후 조직적 정책은 산별노조 건설이다. 제주관광노조가 지향하는 방향은 민주노총이 가는 방향과 다르지 않으며 지역산별노동조합으로서 민주노총의 조직적 방침에 가교 역할을 할 것이다. 문제가 되고 있는 민주노총의 법률적 해석(연맹 탈퇴는 민주노총 탈퇴로 규정짓는 것)에 이의를 제기할 것이며, 그동안은 법률적 해석을 다투는 노조로 남아 있을 수밖에 없다. 그래서 우리는 현재 총연맹을 탈퇴한 사실이 없으므로 현재 민주노총 조합원이라고 말할 수밖에 없다. 문제의 소지가 전혀 없는 것은 아니나 현재로서 명확한 입장을 취하기는 어려운 측면이 있다. 이러한 문제는 출범 이후 상급 연맹이나 총연합단체와의 논의와 더불어 우리 스스로 결정할 것이다.

2. 단체교섭권과 단체행동권 및 노조 가입 문제

출범 이후라도 단체협약이나 임금 협약은 승계되기 때문에 크게 달라지는 것이 없으며, 다만 조합 명칭이 변경되고 지부나 분회로 재편하게 될 것이다.

각 노조에는 준비 기간 동안 조합원의 이해를 구하고 규약을 변경하는 과정이 요구될 것이다. 즉 조직 변경과 규약의 변경은 각 노조마다 조금씩의 차이는 있지만 특별결의 사항이다. 조합원 총회에서 조합원 3분의 2의 동의를 얻어내는 절차가 필요하다고 할 것이다. 무엇보다도 교섭의 방식이나 교섭 대상을 넓게(사회적, 경제적 문제를 포함하는) 요구할 수 있기 때문에 교섭 방식이나 교섭 요구의 내용도 지금보다 훨씬 더 포괄적으로 다루게 된다. 또한 조합원 자격 상실의 문제에 있어서도, 제주관광노조의 조합원에 가입하면 새롭게 일하는 장소가 제주도에 있다면 조합원의 자격은 그대로 유지되기 때문에 다니던 회사를 그만두더라도 조합원 자격이 박탈되는 일은 없을 것이다.

무엇보다도 중요한 것은 조직의 변경에 따라서 기존 노동조합이 자주적 단체행동권을 지역산별노조에서 막아서는 안 될 것이다. 밑에

서부터의 투쟁이 활성화될 수 있도록 지부나 분회에 독자적인 파업권
이 주어져야 한다. 일사불란한 투쟁을 명분으로 상급 단체의 지도부만
이 파업권을 행사하는 것은 아래로부터의 자연발생적인 투쟁을 약화
시킬 위험이 있다.

3. 조직 운영에 관하여

공식적인 조직 운영에 관하여는 출범준비위에서 규약 및 각종 필
요한 사항에 대하여 초안을 만들 것이고, 향후 출범 대의원대회에서
최종 결정할 것이다. 그러나 큰 틀에서의 운영 방안 마련은 전체 조합
원 간담회 일정에 맞추어 조합원의 뜻을 담아낼 것이며, 지부나 분회
별 의사소통을 위한 공식적인 운영 구조의 정착을 꾀하게 될 것이다.
새로운 통합 노조의 조직 운영의 기조는 단사별 노조 운영의 틀에
서 벗어나지 않고, 보고 체계를 정비함으로써 공식적인 운영 구조를
정착 시켜나갈 것이다. 기본적으로 조직 운영에 있어서 민주주의 방식
을 지속적으로 확대해야 한다. 임원의 직선제가 이루어져야 하고 단
체협약이나 임금 협약 같은 중요한 사항은 전 조합원 총회를 거치도
록 하고, 하부로는 권한이 확대되고 상부로는 책임이 커지는 방향으로
임무와 역할이 맡겨져야 한다. 하부 단위노조의 활동을 적극 지원하는
형태로 출발하게 될 것이다. 한편 추진위 소속 단사를 제외한 신규 조
직 가입이나 개인별 가입인 경우, 지부나 분회 중심의 조직 구조를 기
본 바탕으로 편성하며, 조합원이 소수일 경우 지역을 단위로 구성하는
지역 분회를 설립하여 운영하면 된다.

Ⅳ. 교육체계

1. 기초 교양 교육

기존에 조직된 노조들이 모여 하나의 노조로 태어난다는 것은 참으로 어려운 일이다. 특히 단일 노조의 건설의 이념에 전체 조합원이 합치되도록 하기 위한 노력 없이는 겉만 하나지 내용이 하나일 수 없기에, 각 노조의 설립 배경과 사업장의 상황이 서로 다름을 인정하고, 교육을 통하여 동일한 입장을 만들어 내는 일이 무엇보다 중요하다고 할 것이다. 통일된 노조는 통일된 조합원이어야 한다는 원칙에 입각하여 조합원 대중의 기초 교양 교육안을 마련하여 전체 조합원을 일치 단결시켜 나간다.

2. 토론 문화 정착

민주주의는 토론에서 출발했다고 해도 과언이 아니다.

형식적 민주주의의 모순이 되는 조합원 대중의 거수기 역할로서는 노동조합이 발전하지 못한다는 전제 아래, 노동자운동의 변화와 발전 방향 및 단일 노조의 과제에 대한 논의 단위를 구성하고, 주제별, 사안별 정기적 토론 문화를 정착시킨다. 토론의 광장에서 나타나는 논제들은 노동조합운동에 접목하여 실천하고 투쟁하는 밑거름이 될 것이다.

V. 재정

1. 노동조합 재정의 문제

재정의 문제는 기존 기업별 노조에서 납부했던 형태로 제주관광노조로 조합비를 일괄 수령하여 납부된 금액을 각 지부나 분회별로 배분하는 방식인데, 조합비 배분 원칙은 납부 조합원에 대한 일정 비율을 지부나 분회별로 배분하는 것이다. 세부적인 조합비 징수 및 배분 처리 절차는 우리의 상황에 맞게 운영하면 될 것이다.

2. 노동조합 사무실 및 상근 활동가 급여에 관한 사항

기업별 노조의 운영에 익숙해져 있는 우리는 노동조합을 운영함에 있어 전임을 요청하거나 회사의 재정적 지원을 받고 활동하다 보니 노조 활동에는 재정적인 문제는 거의 없었다. 이렇듯 개별 회사에서는 회사가 노조에 지원하는 것이 노동조합의 자율성을 해치지 않는다면 단체협약을 통해서 노동조합이 요구로 얻어낼 수 있다고 본다. 이와 마찬가지로 지역산별노조 건설 시 전임자 임금을 회사로부터 확보해야 한다. 임금을 회사에서 지급하는 것은 노동자들의 투쟁의 산물이며 이미 한국에서 전통으로 되어 있다. 제주 지역 파업 사업장에 다반사로 일어나고 있는 자본가들의 불법 직장 폐쇄와 더불어 무노동 무임금 정책을 무력화시켜야 한다. 파업 시의 임금을 노조에서 지급하게 되면 노조는 재정적 부담을 갖게 되고 파업 대오의 동력이 급격히 떨어질 것은 불 보듯 뻔하기 때문이다.

그러나 노동조합 사무실 운영비나 상근 활동가의 급여를 일부는 회사에 요구할 수 없는 상황이 될 것이고 열악한 조합비로는 운영비나 상근자 급여를 충당하기에는 어려움이 있을 것으로 예상한다. 이에 대한 기본적인 해결 방법을 찾아야 하겠다.

VI. 경계해야 할 견해들

1. 제주관광노조가 건설되면 민주노조운동이 가지고 있었던 한계들이 자동적으로 극복될 것이라는 환상을 버려야 한다. 조직의 형태만 바뀌어서는 크게 달라질 것이 거의 없고, 무엇을 위하여 어떻게 투쟁할 것인지를 바로 알지 못하면 거대한 조직 체계는 금세 관료화되어 오히려 아래로부터의 투쟁을 질식하게 만들 것이다.

2. 노사정위원회를 사회적 협약 기구로 바라보면서 지역산별노조 건설을 하나의 디딤돌로 삼으려는 생각도 버려야 한다. 자본과 정부의 노동 통제 정책에 스스로 발목을 묶는 꼴이 된다는 것도 명심해야 한다.

3. 지역산별노조는 자신들의 경제적 이해와 관련한 투쟁만을 하고 정치적인 문제는 전국 중앙조직이나 정당에 맡겨두는 식으로 자신들의 역할을 제한해서도 안 된다. 노동자의 문제는 정치문제와 연결되어 있다는 사실을 알아야 할 것이다.

Ⅶ. 당부의 말

지역산별노조의 건설은 우리의 희망이었으며 현실적으로 다가온 피할 수 없는 우리의 책임입니다. 동지 여러분이 활동 방향에 대하여 염려하고, 뜻은 옳지만 실천에 대한 두려움이 클 것이라고 알고 있습니다. 하지만 우리는 기업별 노조를 건설할 때도 그랬습니다. 노동자의 힘으로 하나가 될 수 있다는 자신감으로 추진위 활동에 적극 참여하고 그 속에서 확신하는 것들을 주변 동지들에게 알려 냅시다. 다 같이 뜻을 세우면 이미 가능성이 있으며, 같은 희망을 가지면 우리의 희망은 현실이 됩니다. 우리는 씨를 뿌리지 않고 수확을 기대하지 않으며, 노동자 정신을 흔들어 깨워 하나가 백이 되고 백이 천이 될 수 있도록 다 같이 힘을 모읍시다.

6·2 지방선거 제주도 사회당 방송토론 원고[*]

정책 · 공약 발표

　제주도민 여러분 안녕하십니까. 사회당 제주도당 정책위원장 김동도입니다. 사회당은 1998년 청년진보당으로 창당한 21세기 대안정당입니다. 사회당은 10여 년 동안 노동자, 농민, 서민들의 고통을 함께해왔고, 우리 사회에서 차별받는 사람들이 평등해지는 세상을 만들기 위해 투쟁해 왔습니다.

　사회당은 이번 지방선거에서 12세 이하 어린이, 65세 이상 어르신, 장애인에 대하여 월 20만원의 기본소득 도입을 주장하고 있습니다. 친환경 무상급식 즉각 도입과 대중교통을 무료화하는 보편적 복지를 주요한 공약으로 내세우고 있습니다. 사회당은 사람의 생명을 돈벌이 수단으로 이용하려는 영리병원 설립 시도와 교육 시장화 정책인 영리학교 설립을 절대 반대합니다. 사회당은 이에 대한 대안으로 공공의료와 공교육을 더욱 강화할 것을 주장합니다. 아름다운 제주의 환경을 파괴하는 제주 해군 기지 건설을 반대합니다. 제주도는 한반도와 동북아 그리고 세계의 평화를 도모하는 평화의 섬이 되어야 합니다.

　기본소득 도입과 보편적 복지 실현을 위해 재원 마련은 매우 중요

---

*　이 글은 2010년 6월 2일 지방선거를 앞두고 5월 27일 〈2010년 지방선거 광역비례대표 후보 TV 토론〉에 사회당 제주도당 정책위원장 김동도가 출연하여 연설하기 위해 작성한 대본이다. 토론회는 국민참여당, 사회당, 진보신당, 평화민주당 등이 참여한 '군소 정당' 토론회였다. (편집자의 주)

합니다. 기본소득과 보편적 복지 실현은 투기자본과 부자 증세를 통하여 충분한 재원을 마련할 수 있습니다. 사회당은 한국 사회의 위기 국면 타개책으로 기본소득을 시급한 대안으로 제안합니다. 기본소득은 모든 구성원에게 아무런 조건 없이 지급하는 소득을 말합니다. 기본소득은 가사노동자, 실업노동자나 소득 자체로부터 제외된 사람들을 위한 보편적 복지제도입니다. 적어도 국민 전체에게 기본 생활은 보장되어야 합니다. 기본소득의 도입으로 형식적 민주주의의 위기를 넘어 진정한 국민주권을 실현할 수 있도록 사회당이 앞장서겠습니다.

공통 질문 – 기초자치단체 부활에 대한 입장

지난 4년 동안 우리 제주도는 사실상 도지사 1인이 모든 권한을 행사해 왔습니다. 그렇다고 예전처럼 시장, 군수를 다시 뽑는다고 해서 도민들의 참여 권리가 보장되겠습니까? 시장과 군수, 기초의원을 다시 뽑자 말자는 논란은 형식적인 문제일 뿐입니다. 더 중요한 것은 정책 결정 과정에서 도민의 참여를 제도화하는 것입니다. 우리 사회당은 정책을 심의하고 결정할 때 여성위원회, 환경위원회, 장애인위원회 등 부문별 위원회와 읍·면·동별 주민위원회를 구성하겠습니다. 그리고 당연히 그 위원장은 직접 주민이 뽑도록 하겠습니다. 우리는 4년 전 폐지된 기초자치단체를 부활시킬 것인가 말 것인가를 고민하고 있고, 제주도를 제외한 다른 지역에서는 기초자치단체를 폐지할 것인가 말 것인가 논란을 겪고 있습니다. 우리 사회당은 부활이냐 아니냐 하는 형식적인 논란에 반대합니다. 진정 우리가 바라는 제주특별자치도는 도민 모두의 적극적인 참여가 반영되는 것입니다. 사회당은 도민과 함께 진정한 직접민주주의를 실현하고 지역별·부문별 주민위원회를 통해 도민이 주인 되는 세상을 만드는 데 앞장서겠습니다.

개별 질문 – 여성 사회참여 확대 방안

제가 작년에 제주 지역 관광산업 노동자의 비정규직 실태 조사와 지역 차원에서의 고용안정을 위한 대안 연구에 직접 참여한 적이 있습니다. 이 조사에 의하면 제주의 임금수준은 16개 시·도 중에 꼴찌를 하고 있으며, 비정규직과 여성 노동자의 비율은 전국 1등입니다. 이것만 보더라도 제주의 여성은 여성으로서 차별을 받거나 비정규직으로서 차별받고 있다는 것을 알 수 있습니다. 이런 상황에서 제주도가 떠들어대는 관광산업 유치 정책은 실제적인 도움이 되지 못합니다. 다만, 비정규직과 여성의 차별이 확대될 뿐입니다. 제주의 고용정책은 우선, 막연히 일자리만 늘리는 것보다 질을 높이는 방향으로 나아가야 합니다. 그리고 비정규직을 정규직화하고 여성 차별적인 임금정책을 개선해야 합니다. 또한, 무상보육과 무상교육을 실현함으로써 여성의 사회 진출을 높여야 합니다. 가사노동과 육아노동은 사회적 필요노동입니다. 그래서 사회당은 국가나 지방자치단체에서 사회적 노동의 대가로 기본소득을 지급해야 한다고 주장합니다. 우리 사회당은 여성이 가정 밖에서 사회적 노동에 종사하거나, 가사나 육아노동을 전담하거나, 어떠한 경우에도 성차별이나 비정규직 차별을 받지 않도록 노력하겠습니다.

공통 질문 – 제주 농업 회생 방안

만약 한중FTA가 추진된다면 제주 지역의 농업, 축산업, 수산업은 다 죽습니다. 따라서 우리 사회당은 제주 지역 1차산업 회생을 위해 지금까지 진행되었던 FTA를 철회하고, 한중FTA 추진도 당장 중단할 것을 요구합니다. 사회당은 1차산업을 살리기 위해서는 농업, 축산업, 수산업의 사회공공적 지위에 대한 지역사회 전체의 인식이 전환되어야 한다고 생각합니다. 이를 위해서는 획기적인 제도적인 정책이 갖춰져야 한다고 생각합니다. 첫째, 모든 1차산업 생산물에 대하여 기본 가격을 보장해야 합니다. 둘째, 농축산물 유통과정을 공공기관이 책임져야 합니다. 다시 말해서 1차산업의 공공적 지위를 더욱 강화해야 한다는 것입니다. 사회당은 농·수·축산업이 친환경적이고 생태적으로 육성되도록 최선을 다하겠습니다. 그리고 이를 통해 도시와 농촌이 공존하도록 하겠습니다. 그런데 그보다 더 중요한 것이 있습니다. 농민, 축산인, 어민들의 기본적인 삶을 보장해 주는 것입니다. 이를 위해서 먼저 농민, 어민, 축산인에게 무상의료, 무상교육, 무상보육을 통해서 기본 복지를 실현하겠습니다. 또한, 어떠한 심사나 조건 없이 일정한 수준의 기본소득을 농민, 어민, 축산인에게 지급하겠습니다.

마무리 발언

존경하는 제주도민 여러분, 저희 사회당은 1998년 진보정당으로서, 청년의 기백으로서 출범하였습니다. 진보정치가 어려운 우리 한국 사회에서 꿋꿋하게 진보정치를 유지해 오고 있습니다. 6·2 지방선거를 통해서 사회당은 기본소득제를 주장하고 있습니다. 기본소득은 아무런 조건 없이 국가가 국민에게 지급하는 국가의 의무입니다. 보편적 복지는 모두가 동등한 시민으로 살아가기 위해 필요한 우리의 권리입니다. 사회당은 보편적 복지를 주장하는 정당입니다. 사회당은 새로운 진보, 강한 진보를 내세우는 정당입니다. 사회당은 관계만을 외치는 정당이 아니라 대안을 제시하는 미래 지향적인 정당입니다. 사회당은 모든 국민이 행복해지는 세상을 만들려는 정당입니다.

존경하는 제주도민 여러분, 이번 지방선거에서 여러분이 사회당에 던지는 한 표 한 표는 10년 후 10배, 100배의 결실로 나타날 것입니다. 이제 대지에 뿌린 새싹이 희망의 싹을 틔우려 합니다. 제주도민 여러분, 저희 사회당에 양분이 되어 주십시오. 사회당에 수분이 되어 주십시오. 기호 9번 사회당에 투표해 주십시오. 우리의 희망, 미래에 투표해 주십시오. 감사합니다.

신자유주의 정책과 노동권의 침해.
제주지역관광서비스산업노동조합 구조조정 저지 투쟁을 중심으로[*]

1. 들어가며

1970년 전태일 열사의 분신이 민주노조운동으로 이어져 1996년 민주노총의 탄생, 그리고 2000년에 창당한 민주노동당에 이르기까지 우리의 노동운동은 비약적인 발전을 해 온 것으로 보인다. 허나 '이러한 노동운동의 발전이 과연 노동자의 삶의 질 향상에도 기여한 것인가?'라는 물음에 대해서는 의문을 가할 수밖에 없다. 실질적으로 민주노조운동이 탄생하면서 노동자의 임금은 증가하였다. 허나 그만큼 지출도 늘고 물가도 상승하였다. 게다가 노동시간 역시 주 40시간으로 단축되었다. 그러나 여전히 OECD(세계경제협력개발기구) 국가 중 최장 노동시간을 유지하고 있는 것이 대한민국의 현실이다. 설상가상으로 신자유주의 열풍에 힘을 받아 고용은 더욱 불안정해졌다. 고용이 불안해지면서 새로운 고용형태인 임시직, 파견, 용역 등이 증대하고 있는 것이다. 즉 노동자 삶의 질이 그렇게 나아지지 않고 있다. 특히 오늘날 노사 관계에 있어서 가장 큰 문제는 신자유주의로 인한 노동유연화 정

---

[*] 이 글은 2011년 8월 27일 제주 강정마을 의례회관에서 한일 AWC, 민주노총 제주지역본부, '제주 군사기지 저지와 평화의 섬 실현을 위한 범도민대책위'가 주최한 "제국주의와 군사기지 반대! 신자유주의 반대! 비정규직 철폐! 한일 공동 국제 포럼"에서 민주노총 제주지역본부 미조직위원장 김동도가 발표한 것이며 해당 자료집에 실려 있다. 또한 이 원고는 약간 수정되어 2015년 11월 25일 민주노총 제주지역본부 조합원 교육에서 전 민주노총 제주지역본부장 김동도의 강의 자료로도 사용되었다. (편집자의 주)

책의 문제로 직결될 수 있다.

현재 진행되고 있는 노사 분쟁은 모두 이러한 노동유연화의 문제를 중심으로 발생하고 있으며, 전 세계적으로 이러한 신자유주의 가치에 대한 저항운동이 일어나고 있다. 이러한 저항운동이 일어나는 것은 결국 신자유주의가 노동자들의 삶을 피폐하게 만들 것이라는 당연한 명제 때문이다. 실제로 미국의 2008년 서브프라임 사태에서 발생한 세계금융위기와 최근 미국의 경제위기는 곧 신자유주의 위기를 의미한다. 그럼에도 불구하고 한국의 자본과 정부는 이러한 신자유주의 정책을 밀어붙이며 시시각각 노동자의 삶을 훼손하고 그들의 삶을 나락으로 내몰고 있다.

제주도는 "세계 속의 관광제주, 세계에서 제주로, 제주에서 세계로" "물류와 사람이 자유로운 국제자유도시 건설"이라는 표어를 내걸고 중앙정부의 신자유주의 노동유연화 정책에 발맞추어 나가고 있다. 사실 제주도는 2009년도에는 600만 관광객 유치 목표를 달성했으며 2015년까지 1,000만 관광객을 유치하겠다고 열을 올리고 있다. 이유야 어떻든 제주 관광산업의 성장 목표가 달성된다는 것은 환영할 만한 일이다. 그러나 제주 관광산업이 성장한다고 한들 '제주 지역의 노동자들의 삶의 질은 나아졌는가?'라는 물음에 제주도는 답하여야 할 것이다. 다시 말해서 제주의 노동자들의 삶의 질을 높이는 노동정책을 내놓아야 한다는 것이다. 오히려 노동자의 기본권마저도 무참하게 유린당하고 있지만 '강 건너 불구경 하듯' 노사 간의 문제는 노사가 알아서 해결하라는 것이 제주도의 유일한 노동정책이다. "기업하기 좋은 환경, 제주가 만들겠습니다." 이것은 제주도에 관광산업 유치를 위하여 제주도 곳곳에 내건 현수막 문구이다. 아름다운 제주의 환경을 파괴해서라도, 도민의 삶이 피폐해지더라도, 자본(돈)만 투자하면 다 받아 주겠다는 뜻이다. 결국 투기자본의 막가파 식 개발로 인해 제주의 환경은 파괴될 것이 불 보듯 뻔하고, 투기자본들의 배만 불리고 노동자들은 저임금과 정리해고에 고통 받으면서 비정규직노동자의 수만 늘어날 것이다.

우선 본 토론회를 통해서, 제주 지역의 노동문제의 핵심 사항인 신자유주의 문제를 고찰해 보고, 노동권 회복을 위한 노동자들의 투쟁 과정에서 지방정부의 책임은 없는지 알아보고, 그 대안을 찾는 데 조금이라도 도움이 되고자 한다. 둘째로 신자유주의의 전면화에 따라 제주 지역의 관광서비스산업 노동자들의 노동권이 어떻게 침해받고 있는지를 구체적인 사례를 통해서 살펴보고, 신자유주의 하에서 제주 지역 관광서비스산업 노동자들의 노동권이 보호되기 위해서는 정리해고, 근로자파견제 등을 제한하는 입법이나 법 해석 등을 통한 보호도 중요하지만 궁극적으로는 노동유연화, 정규직의 비정규직화 자체에 대한 문제제기로 귀결될 수밖에 없다는 결론을 도출하고자 한다.

2. 신자유주의 구조조정

신자유주의 정책의 핵심은 초국적 금융자본에게 최대한의 이윤을 보장해 주는 것과 함께 이를 뒷받침할 수 있는 노동의 불안정화(노동비용의 삭감)의 지속적 추구로 요약할 수 있다. 이러한 구조조정의 과정은 필연적으로 70년대 이래로 힘들게 하나씩 하나씩 보장받아 왔던 노동기본권 및 생존권을 일거에 폭력적으로 박탈하는 과정에 다름이 아니었다. 1996~97년의 노동법 개정 과정은 1980년대 말 이래로 경영계가 구축해 왔던 노동 전략인 정리해고 등의 고용조정, 정규직의 비정규직화, 임금 및 노동시간의 탄력화, 현장 통제의 강화, 노동3권의 제한 등을 법제화하는 과정이었다. 이 같은 법제도의 정비는 1997년 외환위기를 거치면서 결정적인 힘을 발휘하게 되었고, 1997~98년을 경과하면서 '정리해고제'와 '근로자파견제'로 대표되는 노동시장유연화 정책은 거스를 수 없는 대세로서 강요되었다.

'정리해고제'와 '근로자파견제'는 구조조정의 광풍으로 몰아닥친 대폭적인 인원 조정에 대한 사회적 저항감을 무력화시키는 데 큰 역할을 했다. 최근에는 여기에 더하여 아웃소싱, 외주, 분사, 도급화 등을 통한 이른바 '상시적 구조조정'이 광범위하게 관철되고 있다. 애초 '정리해고'는 "기업의 위기를 극복하기 위해 불가피한 한해서"라는 전제하에 용인되기 시작했다. 그러나 2단계 구조조정이 강요되는 과정에서 그것은 "기업의 경쟁력을 회복하기 위해 필요하다면"이라는 논리로 바뀌었다. 여기에 더하여 수익이 개선된 기업들도 "경쟁력 향상을 위해 핵심에 주력한다"는 논리 아래 고용을 급속도로 불안정화시키고 있다.

이는 초국적 금융자본 지배하의 경제의 불안정성에 대응하여 독점자본의 위험을 중소자본 및 노동자에게 전가하는 방식일 뿐 아니라, 직접 고용된 노동자들의 노동강도 강화와 간접 고용된 노동자들에 대한 비용 삭감 등의 방식으로 이윤을 극대화하는 방식이기도 하다. 최근 구조조정 과정에서 강조되고 있는 '상시적 구조조정 체제'가 지속적으로 추진됨에 따라, 경제지표의 변화와는 무관하게 노동에 대한 공격은 지속될 것이며 '고용 없는 성장'이 전면화되고 있다.

3. 정규직의 비정규직화

기업 차원에서의 비정규직노동력의 도입은 이미 1980년대 말부터 가시화되었다. 그런데 IMF를 거치면서 신자유주의가 전면적으로 도입되고 이에 따른 구조조정이 본격화되면서 개별 기업 차원의 노동유연화 전략이 국가적 정책으로 전면 등장하게 되었다. 경제위기 극복을 위해서는 고통을 분담해야 한다며 정리해고의 칼바람이 불어닥쳤고, 노동시장의 경직성이 경제위기의 주범이며 노동유연화가 전 세계적인 추세라면서 구조조정을 통한 정규직의 비정규직으로의 대체가 급속도로 추진된 것이다. 이에 따라 노동의 불안정화는 더욱 가속화될 전망이며, 이로 인해 비정규직의 증가 양상은 멈추지 않고 비정규직의 노동조건은 더욱 열악해질 것이다.

이는 단지 비정규직만의 문제가 아니다. 비정규직 부문은 기존 정규직에서 비정규직으로 전환된 경우가 대부분으로, 사용자들은 끊임없이 정규직을 비정규직으로 대체하고 있으며, 정규직노동자들의 경우에도 임금, 노동시간의 불안정화 공세가 전면적으로 이어지고 있기 때문이다. 연봉제 및 성과급제, 변형근로시간제로 대표되는 임금, 노동시간 체계의 변화는 임금수준이 노동력의 재생산을 위해 사회적으로 요구되는 수준으로 결정되는 것이 아니라 자본의 논리에 따라 일방적으로 결정되는 경향이 더욱 우세해짐을 보여 준다. 또한 노동시간

중에서 사측이 보기에 낭비되는 부분을 최대한 줄이고 노동강도를 노동자들 스스로가 강화시킬 수밖에 없는 구조를 만들고 있다.

이와 같이 비정규직노동자의 문제는 신자유주의의 전면화와 이에 따른 노동유연화가 낳은 필연적인 산물로, 신자유주의가 야기한 가장 큰 문제 중의 하나라고 할 수 있다. 사용자들은 노동유연화를 통한 비용 절감 및 효과적인 노동 통제의 필요성에 의해 비정규직을 사용하기 때문에, 비정규직의 노동조건은 정규직에 비해 차별적일 뿐 아니라 절대적인 수준에서 매우 열악하고 또한 노조 활동 보장, 단체교섭 등 기본적인 노동3권의 보장조차 현실적으로 이뤄지지 않고 있다. 또한 비정규직노동자들은 기존의 노동법이 상정한 정형적인 노동관계에서 다소 벗어나 있음으로 인해, 법제도에 따른 보호를 전혀 받지 못하고 있는 실정이다.

4. 지역산별노조 건설과 노조 탄압

1997~98년을 경과하면서 '정리해고제'와 '근로자파견제'로 대표되는 노동시장유연화 정책은 전국적으로 거스를 수 없는 대세로서 수많은 노동자들이 길거리로 내몰리고 있었다. 당시 전국적인 정리해고 칼바람은 금융산업 노동자와 대기업 노동자 중심으로 불어닥쳤다. 신자유주의가 몰고 온 '정리해고제'와 '근로자파견제'는 지역과 업종을 불문하고 전체 사업장으로 퍼져 나갔다. 제주 지역의 관광 서비스 노동자들은 민주노총의 산별 조직화 방향에 맞추어 2002년부터 제주 지역의 열악한 노동환경을 개선하고 앞으로 다가올 구조조정에 대항하

기 위한 방안으로 지역산별 건설을 시도하였다.

결국 민간서비스연맹 소속으로 조직된 제주 지역 5개 단위 노동조합들은 2005년 12월 제주 지역의 관광서비스산업 노동자를 대상으로 제주지역관광산업노동조합을 결성하였다. 지역산별노동조합을 결성을 준비하고 퍼시픽랜드 투쟁에 결집하는 과정에서 퍼시픽 자본의 탄압은 물론이고 노동부, 지방노동위원회, 지방정부까지도 노동조합 탄압을 묵인하였다. 단체협약을 일방적으로 해지하고, 정당한 파업 투쟁에 조합원들에 대한 손해배상, 가압류와 직장 폐쇄로 대응하고, 조합원들을 업무방해 혐의로 검찰에 고소하는 등 자본에 의한 노동자 탄압은 그칠 줄을 몰랐다. 지역산업별노동조합 건설 이후 지부별 투쟁 상황에서 지부 조합원들은 구조조정에 의한 정리해고, 회사의 강압에 의한 퇴직, 노조 탈퇴를 강요당했다.

5. 사업장별 구조조정의 형태

1) 퍼시픽랜드 노조 탄압을 통한 구조조정

(주)퍼시픽랜드는 1985년부터 중문관광단지 내의 중문해수욕장 주변에 위치해 있으며 돌고래와 바다사자 쇼 등 공연료와 관람객의 편의 시설 이용료를 주 수입원으로 운영되는 회사다. 제주관광산업노조는 출범추진위원회로 전환하여 2004년 9월부터 퍼시픽랜드 노동조합 파업 투쟁에 적극 연대하였다. 각 지부별 대각선 교섭을 통하여 비정규직 정규직화, 고용안정 쟁취, 실질임금 확보 등 노동조건을 개선하

기 위한 투쟁을 전개하였다. 그러나 제주관광노조 출범 이후까지 약 3년간 이어진 파업 투쟁의 결과, 퍼시픽 자본의 직장 폐쇄로 사업장은 봉쇄되었고 노조는 사업장 점거 농성에 돌입하였다. 이 과정에서 2006년 9월 지부장을 포함한 핵심 간부 3명은 해고되었다. 퍼시픽랜드 자본은 단일 노조 건설을 깨기 위한 방안으로, 연대하는 제주관광산업노조(추)의 핵심 간부 10명에 대하여 '제3자 개입 금지' 위반이라는 사문화된 법까지 동원하면서 저지하기도 하였다.[1] 조합원에 대한 징계해고, 불법 직장 폐쇄, 업무방해 고발 등으로 노동조합을 탄압하였다.

퍼시픽랜드 투쟁에서 관광산업노동조합은 사업장별 대각선 교섭을 벌이고 파업 과정에서 자본의 탄압과 근로자파견법, 비정규직 관련 노동악법을 막아내기에는 힘이 부족하다는 사실을 확인했다. 퍼시픽 자본은 불법인 줄 뻔히 알면서도 징계해고, 직장 폐쇄, 제3자 개입 금지 등으로 노동조합을 탄압하였고 노동조합은 장기간의 법적 소송을 견뎌야 했으며, 결국 법적으로는 승소하였지만 장기 투쟁 과정에서 조합원들은 회사의 탄압에 못 견디고 사업장을 떠나거나 회사의 회유에 못 이겨 노동조합을 탈퇴하였다. 퍼시픽 자본은 일정한 시간과 비용을 투자하더라도 자신들의 입맛에 맞는 구조조정을 위해서는 수단과 방법을 가리지 않았다.

---

1) 1997년 3월 13일에 개정된 「노동조합 및 노동관계조정법」 제40조 제1항 및 제2항에는 "당해 노동조합이 가입한 산업별 연합단체 또는 총연합단체", "당해 사용자가 가입한 사용자단체", "당해 노동조합 또는 당해 사용자가 지원을 받기 위하여 노동부장관에게 신고한 자", "기타 법령에 의하여 정당한 권한을 가진 자"를 제외하고는 누구도 "단체교섭 또는 쟁의행위에 간여하거나 이를 조종·선동하여서는 아니된다"라고 규정하고 있다. (편집자 — 이 조항은 2006년에 삭제되었다.) 노동부는 제주관광산업노조(추)가 퍼시픽 노조 파업 투쟁에 연대했다는 이유로 관광노조 간부 10명에 대하여 제3자 개입 혐의를 인정하고 검찰에 기소했으나 최종 법원으로부터 "혐의 없음" 판결을 받았다.

2) 파라다이스카지노 노조 탄압을 통한 구조조정

파라다이스카지노는 롯데호텔(서귀포)과 제주그랜드호텔(제주시)에 임대하여 지방자치단체장의 허가를 받아 운영하는 외국인 카지노업을 운영하는 회사다. 파라다이스카지노 지부는 2006년 4월부터 일부 부서 용역 전환 금지, 봉사료지급위원회 노사 동수 구성 등 임·단협 결렬로 인해 파업 투쟁을 전개했다. 노조의 파업 투쟁 과정에서 파라다이스 자본이 보여 준 노조 탄압의 수법은 타 지부와 다르지 않았다. 파업을 하면 직장 폐쇄를 하겠다고 으름장을 놓는가 하면, 회사의 잘못으로 행정관청으로부터 업무 정지 명령을 받은 사실을 노동조합의 파업으로 인해 휴업할 수밖에 없다고 언론에 호소하기도 하였다.[2] 또한 손해배상 청구, 가압류, 농성장 천막 강제 철거, 회사의 사주를 받은 비조합원들의 폭력 등으로 노동자의 정당한 파업을 짓밟았다. 비조합원을 동원하여 노동조합을 갈라놓기 위하여 회사가 어용노조를 조직하는 반노동자적 작태도 보였다. 이 과정에서 지부장과 핵심 간부 4명을 징계해고 하였으며, 단체행동에 참여했다는 이유로 7명에 대하여 무기 정직이라는 중징계도 단행했다.

파라다이스카지노 자본도 퍼시픽랜드와 별반 다르지 않았다. 핵심적인 간부에 대한 '묻지 마' 해고 및 중징계를 단행하고, 결국 법적 판단에 따라 복직시키기는 하였으나 투쟁하는 노동조합을 깨고 식음료와 시설 관리 부서를 용역으로 전환하는 데 성공하였다. 특히 제주도

---

2) 내국인 카지노 출입과 관련한 관광진흥법 위반으로 제주도로부터 영업정지 1개월을 받았다. 그리고 제주도는 영업정지를 노조의 파업이 진행되는 시기에 맞추어 줌으로써 회사가 노조의 파업으로 영업을 못하는 것처럼 언론을 호도하였다.

와 노동위원회는 파라다이스카지노 지부에 대한 자본의 탄압을 방조하고 불법적인 외국인 카지노 운영에 눈감아 줬으며, 정당한 노동조합의 파업을 막기 위해 회사의 주도로 조직된 노동조합을 인정하였다.[3]

3) 티엘씨레져(주) 더호텔제주 노조 탄압과 정리해고를 통한 구조조정

인수 전 2006년부터 전원산업(주)크라운프라자 호텔은 매각을 전제로 한 인원 감원 및 일부 부서의 용역 전환 등 구조조정을 준비하였다. 구조조정을 실행하는 과정에서 노동조합의 정당한 파업을 저지하기 위하여 불법 직장 폐쇄, 손해배상 청구, 조합 간부에 대한 임금 가압류 등 조합원들의 위기감을 조장하기 위하여 온갖 방법을 동원하였다. 객실 관리 부서와 시설부의 노동자들을 용역화하기 위한 방법으로 해당 부서의 조합원 전원에 대하여 전직 명령을 내렸다. 그리고 파업 중인 객실부 5명의 조합원에 대하여 인사 명령 거부와 무단결근으로 징계해고 하였다. 또한 '케어 팀'이라는 새로운 부서를 만들어 시설부 6명에 대하여 3개월 근무하게 한 뒤 인원이 남는다는 이유로 정리해고 하였다. 호텔 자본은 노조원들을 희망퇴직 등 정리해고법과 파견법을 악용하여 인원 감원을 시도하였다. 결국, 전원산업(주) 크라운프라자

---

3) 제주관광노조는 파라다이스 자본의 사주를 받아 파업을 방해하기 위한 목적으로 노동조합에 집단 가입을 주도한 직원들을 제명하였다. 회사에서 선임한 노무사를 통하여 노동위원회에 제소하고, 노동위원회의 결과에 따라 제주도는 행정명령을 내리고 이행하지 않았다는 이유로 행정소송을 제기하였다.

호텔에서 (주)나자인 더호텔제주로 2007년 11월 1일 매각되었다.[4]

전원산업(주) 크라운프라자호텔은 매각을 전제로 단체협약 해지, 파업권 무력화, 정리해고 등 노동자의 노동권을 박탈하여 정규직의 비정규직화를 목표로 구조조정을 행한 것이었다. 또한 인수 회사는 양도 회사와의 계약관계를 이유로 불법, 부당한 노동관계에 대하여 승계할 수 없다는 입장을 고수하고 있다. 특히, 카지노 사업을 중심으로 호텔을 운영하고 있으며, 카지노 부서의 신규 채용 노동자들은 대부분 비정규직으로 채워지고 있다.

'정리해고법'과 '파견법'이 통과되고, 제주도 내 대부분의 특급 호텔들은 노동조합 존재 여부를 떠나 노동자들의 별다른 저항 없이 시설 관리, 하우스 키핑, 룸 메이드 등 간접고용이 쉬운 일부 부서를 용역이나 외주화하는 데 성공하였다. 그러나 더호텔(전 크라운프라자호텔)은 모든 부서가 정규직으로 운영되고 있었다. 당시 크라운프라자호텔 자본은 매각을 앞두고 호텔의 가치를 올리기 위한 방법으로 인력 감축을 선택했다. 우선 일부 부서를 용역으로 전환하고 남은 인력을 부서에도 없는 곳으로 배치 전환하는 방식을 택했다. 그리고 경영상의 이유로 정리해고의 수순을 밟아 나갔다. 배치 전환된 노동자들을 대상으로 희망퇴직을 강요하고 본격적인 구조조정의 의도를 드러냈다. 이에 해고된 노동자들은 정리해고 철회 투쟁에 돌입하여 3년여 동안의 법적 투쟁을 벌였지만 법원은 호텔 자본의 손을 들어 주면서 사실상 정리해고 투쟁은 종료되었다.

---

4) 전원산업(주) 크라운프라자호텔에서 (주)나자인 더호텔제주로 매각되었고, (주)나자인은 주식이 상당히 오르자 현재의 티엘씨레저 주식회사로 경영권을 넘겼다. 현재 더호텔제주는 소액주주연대와 경영권 다툼을 하고 있다.

한편 호텔 자본은 정리해고의 법적 부당성을 우려하여, 고용안정이 보장되고 일부 부서의 외주화가 금지된 단체협약 조항[5]무력화를 위해 단체협약 유효기간이 경과하자 단체협약 해지를 통보하였다. 더호텔 자본이 저지른 구조조정은 정리해고와 희망퇴직으로 인력을 대폭 감축하였고 3개 부서의 용역화, 즉 비정규직으로의 전환 목표를 달성했다. 그러나 새로운 더호텔 자본은 현재 '주식 놀음'을 벌여 호텔은 법원 경매에 넘겨지고, 소액주주연대와의 경영권 다툼을 벌이고 있다. 또한 구조조정 과정에서 발생한 모든 사태는 승계하지 않는다는 계약 조건을 주장하면서 노동조합의 요구를 거부하고 있다.

4) 여미지식물원 정리해고를 통한 구조조정

여미지식물원은 1985년 삼풍건설(주)이 관광공사로부터 중문관광단지 내 3만4천여 평의 부지를 구입하여 약 4년 반에 걸쳐 식물원을 조성하였고 1989년 10월 12일 약 80여 명의 직원을 신규 채용하여 삼풍산업(주)의 자회사인 계우개발주식회사로 개원하였다. 1996년 6월, 삼풍백화점 사고로 여미지식물원은 서울시에 기부채납되었다. 이에 따라 서울시는 여미지식물원에 대한 관리 운영을 서울시 산하기관인 서울시설관리공단이 맡도록 하였다. 이때 여미지식물원에서는 비정규직을 포함하여 100여 명의 직원이 전원 고용승계 되었고[6] 서울시설관리공단은 1997년 12월 1일부터 7년 5개월 동안 여미지식물원을 관리 운

---

5) 단체협약 제28조. "회사는 노동조합과 사전 합의 없이 부대영업장에 대한 임대를 하지 않으며, 정규직이 근무하는 부서의 업무를 용역, 도급, 파견근로로 전환하지 아니한다."

6) 노동조합은 3개월 동안의 파업 투쟁으로 서울시로부터 고용과 단체협약의 승계를 약속 받았다.

영하였다. 여미지식물원은 당시 경영 성과 면으로도 연평균 20억의 흑자를 기록하고 있었다. 하지만 매각을 전제로 관리 운영하던 서울시는 여미지식물원을 2005년 4월 19일 부국개발(주)에 매각하였다. 서울시는 114명에 대한 고용 및 노동조합과 맺은 단체협약과 모든 계약관계를 승계하기로 계약서에 명시하였다. 그러나 서울시로부터 식물원을 인수한 여미지식물원 자본은 정리해고 계획 통보 직전까지 불성실한 교섭 태도로 부당징계 및 부당 전환배치 등 인원 감축을 위한 구조조정을 준비하고 있었다.

결국 여미지식물원 자본은 이러한 구조조정 방식이 먹히지 않자 노동관계법 및 노사가 맺은 고용안정에 대한 단체협약[7]을 무시하고 2007년 9월 영업 부문 매출 부진을 핑계로 영업장 폐쇄를 통한 구조조정 계획을 노동조합에 통보하였다. 즉, 인력 감축이 용이한 정리해고법을 이용한 구조조정 방식으로 계획을 변경하였던 것이다.

또한 여미지식물원 자본은 정리해고 계획을 발표하고 노사협의회 과정에서 정규직을 비정규직으로 전환하려는 시도도 하였다. 이에 대해 노동조합 지부는 경영 정상화 방안으로 영업 부분의 매출액이 5% 이상 상승하였고 인건비는 10% 이상 감소[8]하였음에도 매출 증대를 위

---

7) 단체협약 제35조(고용안정) 회사는 경영상의 이유로 회사가 행하고자 하는 고용조정 등의 제반 문제에 대하여 노사 상호 합의 정신을 바탕으로 조합과 성실하게 협의 결정한다.
　① 회사는 사업의 분할, 합병, 양도양수, 임대 시 60일 전에 조합에 이를 알리고 고용승계, 근속승계를 보장하며, 이와 관련한 제반 사항에 대해 조합과 성실하게 협의한다.
　② 회사는 경영상의 이유로 인한 해고는 회사의 도산이나 경영 악화로 인해 사업이 계속 불가능한 경우에 한한다.

8) 부국개발(주)가 여미지식물원을 인수하면서 노동강도를 강화하는 방안으로 시간외근무 제도를 없애고, 노동강도를 높이고, 징계권을 남발하여 자연 퇴직 인원을 늘려 나갔다. 즉 노동력을 쥐어짜고 인건비를 줄이는 방식으로 구조조정을 하였다.

한 대안을 제시하였다. 노동조합 입장에서는 경영 악화로 인한 정리해고는 정당성이 없으므로 반대 입장을 밝혔고, 노동조합 지부가 제시한 영업 활성화 방안에 대해서는 논의가 가능하나 일방적인 정리해고 시 투쟁이 불가피함을 선언하였던 것이다. 하지만 여미지식물원 자본은 인수 후 2년 만에 일방적으로 정리해고를 단행하였다. 이렇듯 여미지 식물원 자본의 구조조정은 경영 악화로 인한 대책인 것이 아니라 노동조합을 탄압하고 정리해고를 하기 위한 목적이라는 것이 확인되었다.

6. 제주도 노동정책 대안

제주에서는 1963년 제주도자유지역 설정 구상이 시작되면서 70년 대를 지나 본격화된 개발 광풍이 시작되었다. '압축 성장'이라는 한국 사회의 모델이 지역적 차원에서 구현되었고, 제주 관광의 대명사라 할 수 있는 중문관광단지는 1970년대 당시 관광 인프라 구축을 목적으로 도민들의 토지를 강제수용해 가며 조성됐다. 1997년 정부의 신자유주의 경제정책에 따라 '세계 속의 관광제주' '국제자유도시' 등의 지방 핵심 정책을 표방하면서 자본이 자유롭게 사업하기 좋은 환경을 제주에 제공하고 있다.

현재 제주 산업구조에서 관광산업이 차지하는 비중은 절대적이다. 특히 2차산업이 발전하기 힘든 조건에서 관광서비스산업은 1차산업과 함께 제주를 지탱해 주는 양대 축으로 지속되고 있다. 실제 제주도가 인구 규모 면에서는 전국의 1% 수준이지만 2009년 말 현재 관광산업체 등록 현황은 전국의 3.7% 규모[9]를 보이고 있는 것으로만 보아도 관광산업의 비중이 증가하고 있음을 알 수 있다. 이러한 외적 성장의 이면에는 관광산업 노동자 가운데 관광단지에 근무하는 비정규직노동자가 70%에 육박하는 현실이 숨어 있다. 이는 고용의 양적 확대보다는 질적 증대가 요구된다는 사실을 보여 준다.

상황이 이러함에도 제주 지역 관광산업에 뛰어든 자본은 신자유주의 구조조정의 일환으로 노동자들을 집단적으로 '정리해고'함으로써 실업과 비정규직노동자를 양산하고 있어 제주 지역의 사회문제로 대두되고 있다. 따라서 제주도는 노동정책을 입안함에 있어 우선 시범적으로 '고용 영향 평가 제도'를 도입할 필요가 있다. 현재 개발 사업에 있어서 '환경 영향 평가 제도'가 존재한다. 환경 영향 평가 제도는 대규모 개발 사업 등에 있어서 환경파괴에 대한 사전적 검토와 환경 및 사회적 영향을 평가하는 제도다. 고용 영향 평가제는 현재 고민 수준에 머물러 있다. 따라서 제주 지역의 경우, 전국적 기준 마련 이전에 특별법인 제주자치도법 개정을 통해 도입할 필요가 있다고 본다.

둘째, 제주도 자치단체 차원의 고용 대책 마련이 시급하다. 현재까지 제주도의 고용정책은 정부 차원의 대책을 지역 차원에서 구현하는 수준에 머물러 있다.

셋째, 관광진흥기금의 용도[10]를 다양화할 필요성이 있다. 제주 지역

---

9)
지역	서울	부산	대구	인천	광주	대전	울산	경기	강원	충북	충남	전북	전남	경북	경남	제주	합계
업체	5,884	1,221	584	400	463	517	266	2,149	563	410	504	506	552	548	808	595	15,970

「2009년말 관광사업체 현황」(한국관광협회 중앙자료)

10) 「제주관광진흥기금 운용·관리 조례」를 보면, 관광진흥기금의 용도는 「관광진흥법」에서 정한 호텔을 비롯한 각종 관광시설의 건설 및 개수, 관광 교통수단의 확보 또는 개선, 관광사업의 발전을 위한 기반 시설의 건설 또는 개수, 관광지, 관광단지 및 관광특구 안에서의 관광 편의 시설의 건설 또는 개수 등으로 한정하고 있다.

관광진흥기금 현황을 보면 2007~2009년까지 3년간 지원액이 1,400억 원이었다. 특히 관광진흥기금 관련 권한이 제주도로 이양된 만큼 고용 안정과 관련된 분야에도 지원하는 방안이 필요하다.

7. 나오며

2009년 현재 제주 지역 서비스산업 노동자의 규모는 70%에 이른 다. 그러나 이러한 서비스산업 형태를 보면, 특히 숙박 및 음식점업, 오락·문화와 운동 관련 서비스업의 경우, 임금 및 노동조건이 가장 열악한 업종으로 구분되고 있다. 앞서 제주 지역 관광서비스 노동자들의 구조조정 사례들을 보았듯이 인력 감축을 위한 자본의 구조조정에는 정리해고만 있는 것이 아니다. 인력 감축이 안 되면 노동조건이 열악하고 낮은 인건비로도 사용이 가능한 불법파견, 정규직의 비정규직화, 특수고용 등 다양한 형태의 불안정노동자를 양산하는 방식으로 구조조정을 하고 있다. 또한 자본이 구조조정에 걸림돌이 되는 노동조합을 탄압할 수단으로 정당한 파업행위에 대한 손배, 가압류, 직장 폐쇄, 단체협약 해지 등을 제주 지역 관광서비스 노동자들에게 자행하는 것을 살펴보았다.

국가와 자본은 구조조정으로 인해 노동자들이 일시적으로 어려움에 처할 수 있으나 자본의 수익률 회복이 투자와 고용 증대로 이어져 결국 노동자에게도 득이 된다고 주장한다. 그러나 여미지식물원과 더 호텔의 구조조정과 정리해고 이후에 자본이 수익 증대를 가져왔는지, 가져왔다면 그것이 투자 증대로까지 이어져 왔는지를 살펴보면, 전혀 그렇지 않다는 것이다. 이 두 사업장의 공통점으로 기업의 양도, 양수 과정에서 정리해고를 통한 구조조정으로 투기성 몸값 올리기 등 돈벌이 수단에만 혈안이 되었다는 사실을 알 수 있다. 또한 경영수지 적자로 인하여 경영의 존폐가 달렸다고 주장하였으나, 경영 위기를 자본 스스로 만들어내며 신자유주의 가면을 쓰고 노동자 목 자르기의 수단으로 악용하여 왔다.

신자유주의 구조조정 시기에 민주노총 총연맹을 포함한 지역 노동조합들은 기존 임 · 단투 투쟁 수준에서 저항하였고, 자본의 무차별 공격을 방어하는 데 급급하였다. 그리하여 노동조합은 인위적 인력 감축에 대해 강력한 반대 입장을 가지고 구조조정에 대항하나 구조조정의 결과는 자본이 승리하는 편이었고, 그나마 노동조합이 승리하는 경우, 외형적으로 볼 때 정리해고는 막아 내거나 축소하고 있었지만 결국 희망퇴직, 자연 퇴직을 유도하는 감원에 대해서는 거의 대응하지 못하였다. 앞서 사업장별 사례에서 보듯이, 자본의 노동조합 탄압을 통한 구조조정이든 정리해고를 통한 집단적 인력 감축이든 노동조합 내부적 문제로만 치부되었던 면이 많았다. 최소한 지역 노동자의 단결과 사회적 연대 형성에도 적극적으로 나아가지 못한 측면이 있다는 점을 인정하여야 할 것이다.

이제 우리는 노동자의 노동권을 더 이상 빼앗기지 말고 노동자의 삶의 질을 높이는 투쟁을 전개해야 할 것이다. 아울러 보다 더 넓고 깊은 연대 투쟁으로 노동자의 삶을 피폐하게 만드는 신자유주의에 대항하여야 할 것이다.

대회사*

민주노총 제주본부 대의원 동지 여러분, 반갑습니다.

그리고 민주노총 제주본부 2012년 정기대의원대회와 임원 이·취임식을 축하하고 연대하기 위해 참석하여 주신 동지들께 고마운 마음을 담아 투쟁으로 인사드립니다.

민주노총 제주본부의 출범은 96, 97년 노동법 개악 저지 투쟁과 정리해고, 근로자파견법 법제화를 막아내기 위한 전국적인 총파업 투쟁에서부터 시작되었습니다. 노동법 개악 철회를 얻어 낸 총파업 투쟁에도 불구하고 97년 이후 기업의 경영 실패 책임이 노동자의 몫으로 전가되었고 이것은 결국 대규모 구조조정으로 이어져 수많은 노동자들을 거리로 내몰았습니다. 2000년대 이후에도 자본과 권력은 미국 발 세계경제위기에서 드러난 자본주의의 한계, 금융자본주의로 상징되는 신자유주의 정책 실패의 책임을 여전히 노동자에게 떠넘기고 있습니다.

제주의 자본 또한 국가경제 위기, 기업 경영 악화라는 명분으로 정리해고를 지속적으로 자행하고 있습니다. 또한 직접적인 사용자임이 명백한 제주도청은 노조 탄압과 부당해고를 일삼는 사업장에 대해 교섭을 통해 해결하고자 했던 민주노총 제주본부의 요구를 무시해 왔습니다. 그뿐만 아니라 160일간의 도청 앞 천막농성 과정에서의 강제 철

* 이 글은 2012년 2월 25일 제주대학교병원 대회의실에서 열린 민주노총 제주지역본부 제25차 (2012년 정기) 대의원대회에서 발표한 신임 김동도 지역본부장의 대회사이며, 해당 자료집에 실려 있다. (편집자의 주)

거 등 탄압 행태를 보면 제주 도정의 유일한 노동정책은 오로지 권력과 폭력으로 노동자들의 요구를 입막음하는 것이었음이 드러나기도 했습니다. 이에 맞서 다소 부족하긴 하지만 민주노총 제주본부는 도청 앞 농성투쟁을 통해 자본의 노조 탄압과 정리해고에 맞선 해당 사업장별 투쟁을 지역사회의 의제로 끌어올리기 위해 노력했습니다.

민주노총 제주본부는 2011년에 이어 제주본부 소속 사업장의 투쟁은 물론, 제주 지역의 비정규직과 노동관계에서조차도 배제당해 소외된 노동자들을 조직하는 사업에 앞장설 것입니다. 또한 2012년은 제주 도정의 노동정책에 직접 개입해서 노동 현안을 사회 의제화하고 대의원 동지들과 함께 국가권력뿐만 아니라 지방권력의 반노동 정책에도 맞서 저항하고 투쟁하는 한 해가 될 것입니다.

존경하는 대의원 동지 여러분!

2009년 4월부터 시작된 쌍용자동차 정리해고 철폐 투쟁이 벌써 1,000일을 넘기고 있습니다. 그리고 작년 11월 한진중공업 김진숙 동지가 309일간의 목숨 건 한진중공업 정리해고 철폐 투쟁을 통하여 그나마 정리해고의 심각성을 사회적 의제로 이슈화하였습니다.

어쩌면 쌍용자동차 노동자 정리해고 투쟁 1,000일, 노동자로 인정받지 못하는 재능학습지 교사 노동자 길거리 투쟁 1,500일이라는 장기 투쟁의 원인은 자본의 무자비한 정리해고나 정권의 노조 탄압만이 전부는 아닐 것입니다.

정규직노동자와 비정규직노동자가 단결하고 투쟁하지 못했고, 살아남은 노동자와 거리로 내몰린 노동자가 함께 연대하지 못하고 분열되어 있는 우리들 내부의 나약함도 일부 있음을 인정하여야 할 것입니다. 권력 탓, 조직 탓, 조합원 탓을 해 가며 노조 권력에 빠져 있던 노동조합의 집행부도 그 책임에서 벗어날 수 없습니다.

이제 우리는 그동안의 기회주의적 사고방식을 스스로 반성하고 올바른 노동운동에 대한 인식에서부터 투쟁을 시작해야 할 것입니다. 이 길을 열어 나가는 새로운 출발점에서 민주노총 제주본부가 여기 모이신 대의원 동지들과 함께하겠습니다.

민주노총 제주본부 대의원 동지 여러분!

한국노총은 작년 고용노동부와 2013년까지 노동법 개정 투쟁을 하지 않겠다는 '투쟁 포기 각서'를 제출했습니다. 그것도 모자라 전태일 열사의 정신을 계승하는 전국노동자대회까지 개최하지 않기로 결정했습니다. 또한 한국노총 집행부는 민주당과의 통합을 통해 반MB 야권 연대로 노동자 정치세력을 확장하겠다고 합니다.

민주노총 내부 역시 2012년 총선과 대선을 앞두고 '진보대통합'이라는 이름으로 제 정치세력 간의 손익 계산이 난무하고 있습니다. 그리고 여전히 정체성 논란이 계속되고 있는 '3자통합당'의 목표는 정권 교체 이후 민주통합당과의 연립정부 실현임이 확인되고 있습니다.

이것이 과연 올바른 노동자 정치세력화인지 묻지 않을 수 없습니다. 이명박과 한나라당에 반대하면 '다 우리 편'이라는 무원칙한 반MB 야권 연대의 논리가 횡행하면서 진정한 노동자정치를 실종시키고 있습니다. 급기야 우리는 노동자를 거리에서 때려죽인 권력자의 후계를 자처하는 신자유주의 정당과 통합한 정당이 새로운 진보정당으로 불리는 사태를 목도하고 있습니다. 이러한 상황에서 정치적 이득을 위해 노동자를 팔아먹는다고 비판받는 한국노총과 민주노총이 과연 무엇이 다르다고 조합원들 앞에 주장할 수 있을지 난망하기만 합니다.

하지만 민주노조운동의 위기는 또 한편으로는 민주노조운동의 기회이기도 합니다. 당장의 정치적 이해득실에 매몰되지 않고 우리가 발딛고 있는 지금의 시대와 지역의 노동 의제를 제대로 인식하고 제주본부 조합원 동지들과 함께 확실하게 투쟁할 때, 올바른 노동자 중심의 정치를 실현할 수 있을 것입니다.

민주노총 제주본부 대의원 동지 여러분!

민주노총 제주본부 출범 이후 15년 동안 많이 부족하지만 우리 스스로의 생존권, 노동기본권을 지키기 위해 온 힘을 다해 투쟁해 왔습니다. 여기에 모이신 대의원 동지들과 전임 집행부, 무엇보다 제주본부 소속 6천 조합원 모두가 민주노총 제주본부의 주인입니다.

이제 다시 우리의 모든 열정과 투쟁을 모아 노동자의 생존을 위협하는 자본과 지방 권력에 맞서 저항하고 투쟁하는 민주노총 제주본부를 함께 만들어 갑시다. 제주 지역의 민주노조운동의 역사를 새롭게 재구성하고, 우리 스스로 자랑스러운 노동자의 역사를 만들어 갑시다.

지난 1년을 평가하고 새로운 2012년 사업 계획을 결정하는 오늘 정기대의원대회가 제주본부 소속 조합원뿐만 아니라 차별받고 소외된 노동자의 고통을 받아 안고 투쟁을 통해 승리하고 투쟁으로 노동자들에게 희망을 주겠다는 결의의 자리가 되었으면 합니다. 그 길을 새로운 9대 집행부가 먼저 열어 갈 것을 약속드립니다. 감사합니다.

20년의 약속, 동지들과 함께 지키겠습니다*

안녕하십니까. 김동도입니다.

1996년 민주노총이 주도한 '노동법개악철회투쟁본부'에 참여하면서부터 노동자의 힘으로 정치세력을 형성하고 노동자·민중의 세상을 건설하고자 약속하며 민주노총 제주본부를 출범시켰습니다.

우리가 염원하던 노동자 정치는 민주노총 상층 명망가 중심의 노동자 정치세력이 되어 국회에 대거 진입하는 성과를 얻어냈습니다. 그러나 하층 노동자 중심 정치세력은 서서히 실종되어 가고 있었습니다.

IMF 금융위기를 시작으로 신자유주의 노동유연화 정책은 이곳 제주도 비껴가지 않았습니다. 제주의 노동자·민중의 삶은 정리해고와 비정규불안정노동의 양산으로 더더욱 힘겹기만 했습니다. 그러나 차별받는 모든 노동자·민중과 함께 신자유주의 반노동 정책과 싸우는 것, 탄압받는 노동자, 소외된 민중과 같이하는 것, 그것이 진정 세상을 바꾸는 힘이라 믿었기에 노동조합을 결성하였고 노동자가 주인 되는 제주 사회를 건설하고자 약속했습니다.

2011년 하층 노동자 중심 정치에 대한 의지와 열정은 신자유주의 세력과의 통합이라는 미명하에 배신당하고 말았습니다. 노동자 정치를 대신하던 그들의 배신은 오히려 저에게 새로운 자각과 실천의 필요성을 제기하였습니다. 그것은 신자유주의 정치세력과의 단절과 진정

---

* 이 글은 2017년 1월 13일 실시된 노동당 제주도당 임원 선거에 출마한 김동도 도당 위원장 후보의 출마의 변이며, 선거를 위해 제작된 공보물에 실렸다. (편집자의 주)

한 진보좌파정당 건설이었습니다.

민중들과 시민들의 촛불투쟁으로 인하여 박근혜 정권은 무너졌지만 신자유주의 자본과 정권이 바뀌지 않는 이상 결코 세상이 바뀌지 않음을 저와 동지들은 알고 있습니다. 그러하기에 평등한 사회 건설을 위한 신자유주의 철폐 투쟁에 나서야 하며 노동자 · 민중이 주인임을 확인하는 노동자 정치세력화에 매진하여야 합니다.

제가 노동운동의 한 길을 걸어온 지 20년이 넘었습니다. 그러나 시간의 흐름만큼이나 노동운동 원칙에 기반하여 노동자와 민중을 향한 말과 약속을 이행했는지 생각해 보면 저절로 머리가 숙여집니다. 제가 편치 않는 몸으로 또 다시 현장의 여러분 앞에 나서고자 하는 이유는 그동안 지역에서 노동자의 입으로 노동자정치를 말하고 노동자의 손으로 민중의 삶을 책임지겠노라고 했던 말과 실천에 대한 20년의 약속을 지키기 위해서입니다.

저는 다시 그 길을 가고자 합니다. 동지들께서 기꺼이 함께해 주시리라 믿으며 끝까지 나아가겠습니다.

감사합니다.

2017년 1월

제3부
기리는 마음

온몸으로 노동자와 함께한 삶을 살다 가신 김동도 열사를 추모하며

강남규 (사)제주민주화운동사료연구소 이사장

김동도 열사여!

보름 전, 당신의 집을 찾아가 대화를 나눴던 일이 눈앞에 생생한데, 이렇게 황망하게 가 버리시니 비통한 마음을 금할 수 없습니다.

당신을 떠나보낼 마음의 준비가 덜 된 상태에서, 이제는 더 이상 당신의 모습을 볼 수 없다고 생각하니 마음 한 구석이 큰 구멍이 뚫린 듯 허전하고 허탈할 뿐입니다.

20여 년 전인 1995년 어느 날, 당신은 노동조합을 만들겠다며 노동상담소를 찾아 오셨지요. 그날 저는 "왜 노동조합을 만들려고 하느냐?"고 물었고, 당신은 "노동조합을 만들어 노동자의 권익을 찾아야 한다"라며 확고한 의지를 보여 주었습니다.

결국 당신은 여미지식물원 노동조합을 결성했고, 초대 노조 위원장으로서 조합원들과 함께 상경 투쟁을 하며 투쟁을 승리로 이끌어 냈습니다.

당신은 세 번의 해고와 복직을 거듭하는 시련을 겪으면서도 자본의 탄압에 정면으로 맞서 싸웠고 민주노조 사수를 위한 굳은 의지를 꺾지 않았습니다.

또한 당신은 제주지역관광노동조합협의회 건설을 통하여 단위 사업장의 문제를 넘어 제주 전역의 노동문제를 고민하는 노동운동가로 변신하였습니다.

더 나아가 당신은 평등노동자회와 노동당에서 활동을 하면서 노동자계급의 정치세력화와 사회변혁을 위해 깊이 고민하고 헌신하였습니다.

지금 우리 앞에는 신자유주의로 인해 더 깊어진 노동자의 고통을 비롯해, 민주노조의 우경화, 비정규직 문제, 그리고 사회적 불평등의 문제 등 산적한 현안들이 놓여 있습니다.

그리하여 오늘 우리는 탁월하고 헌신적인 지도력을 보여 준 당신을 생각하면서 그리움과 슬픔을 함께 느끼고 있습니다.

김동도 열사여!

지지난 겨울, 병마에 시달리면서도 여미지식물원 노동운동의 역사를 몸소 정리하겠다며 의욕을 불태우던 당신의 모습이 아직도 또렷합니다.

당신은 차별이 일상처럼 벌어지는 열악한 노동 현실 앞에서 언제나 노동자들과 함께하는 한결같은 삶을 살아 오셨습니다.

당신은 민주노조운동의 든든한 버팀목이었습니다.

당신은 온몸으로 노동운동을 이끈 실천가였습니다.

당신은 자본의 탄압에 분노하면서도, 아무리 어렵고 힘든 상황에 놓이더라도 희망의 끈을 놓지 않았던 참으로 맑은 영혼의 소유자였습니다.

김동도 열사여!

당신의 이름을 나직이 불러 봅니다.

이제 당신을 편안하게 보내 드리려 합니다.

당신이 살아생전에 사람 사는 아름다운 세상을 만들기 위해 노력했으나 못 다한 일들, 못 다 이룬 꿈들을 이제 남은 자들이 오롯이 받아 안아 가겠습니다.

살아남은 자들이, 살아남아 오늘 여기에 모인 모든 동지들이 두 주먹 불끈 쥐고 열사의 뜻을 이어 가겠습니다.

그리하여 인간이 평등한 세상을 만들기 위해 투쟁하겠습니다.

김동도 열사여!

이승의 질긴 인연들일랑 이제 거두시고 고이 잠드소서.

2017년 6월 29일 군부독재가 민중항쟁에 굴복한 날

삼가 고인의 명복을 빕니다.

김동도 열사의 영전에 삼가 이 글을 바칩니다.

김동도 동지를 추모하며

허영구 평등노동자회 대표

작년과 올해에 걸쳐 참 좋은 동지들을 떠나보내는 안타까움을 겪고 있습니다. 얼마 전 김동도 동지와 매우 가슴 아픈 이별을 했습니다. 훌륭한 동지였고 아직 할 일이 많은 동지였습니다.

저는 지금부터 19년 전에 김동도 동지를 만났습니다. IMF 외환위기 당시 전국적으로 많은 노동자들이 구조조정으로 해고를 당해 투쟁을 전개할 때였습니다. 여미지식물원도 서울시 산하 소속으로 구조조정 국면에 처해 있었습니다.

제주도에서 서울로 전 조합원이 상경하는 것은 쉬운 일이 아니었습니다. 전 조합원이 상경하여 덕수궁 앞에서 집회를 할 때 민주노총 임원 자격으로 연대하면서 인연을 맺었습니다.

김동도 동지는 여미지식물원 조합원으로서 세 번의 해고를 당하면서도 끈질기게 투쟁했습니다. 한편 제주 지역 노동운동에서 중요한 역할을 했습니다. 민주노총 중앙에서의 역할도 빼놓을 수 없습니다.

2012년 10월 30일 열린 민주노총 55차 대의원대회에서 직선제 유예가 결정됐지만 부정투표 등의 문제가 발생했습니다. 이에 당시 민주노총 제주지역본부장이자 중앙집행위원이었던 김동도 동지는 정보 공개 청구를 통해 대의원대회 참가자 명부와 투표인 명부를 열람하여 그 사실을 확인했습니다.

이를 계기로 좌파노동자회는 2013년 1월 14일부터 민주노총 정기

대의원대회를 앞두고 '민주노총 혁신과 직선제 쟁취'를 위해 위원장 실 농성에 돌입하였고 결국 민주노총 직선제를 쟁취할 수 있었습니다.

2015년 민주노총 첫 직선제 임원 선거로 한상균 위원장이 선출되고 그해 11월 14일 민중총궐기를 단행했습니다. 좌파노동자회와 김동도 동지의 민주노총 직선제 투쟁은 민주노총의 역사에서 중요한 계기를 만들었습니다.

그는 고통스런 암 투병 생활을 하면서도 노동운동과 진보좌파정치운동에 열정을 보였습니다. 많은 동지들이 그의 따뜻한 동지애를 기억합니다. 그가 살던 집 앞 공터에 전국의 많은 동지들의 쉼터를 만들려고 했던 꿈을 그는 이루지 못하게 됐습니다. 그 공간에 우리 모두가 그 뜻을 올곧게 세워 나가야 할 것입니다.

김동도 동지는 너무나 안타깝게 생을 마무리했지만 살아남은 우리들은 동지의 뜻을 이어받아 평등 세상을 향한 여정을 계속해 나가야 할 것입니다.

김동도 동지의 영면을 빕니다.

우주여행을 즐기고 있을 아버지를 생각하며

김주리 고인의 딸

나에게 '아버지'는 세상에서 가장 큰 바다 같은 존재이셨다. 아버지는 어느 상황에서나 자신보다 가족이 우선이셨으며, 자신보다 동료가 우선이셨다. 특히 내 뒤에서는 언제나 정겨운 내 아버지셨다.

어린 시절 아버지와의 추억을 돌이켜보면, 특별한 것은 없었지만 참 소소했던 것 같다. 아버지와 나는 대화를 나누는 것을 무척이나 좋아했었다. 봄이 되면 다른 아이들은 가족들과 봄 소풍을 갔지만, 나와 아버지는 동네 슈퍼에 들러 담배 한 갑, 과자 하나를 사들고 산책을 하며 애기를 나누는 걸 즐겨했다.

어엿한 고등학생이 되어서도 나는 그렇게 아빠와 대화하는 것이 즐거웠다. 아버지와 대화를 하면 모든 걱정이 아무것도 아닌 게 되었고, 뭐든지 할 수 있을 것만 같았다.

내가 성숙해질수록 가치관이 뚜렷해지면서 아버지의 가치관과는 달랐지만, 아버지께서 해 주신 말씀 하나하나가 내가 인생을 살아가는 데 큰 도움이 되었다.

대학교 교환 학생 시절 중국에 있었을 때였다. 나는 앞당겨서 한국으로 갈 수 밖에 없었다. 병상에 누워 계신 아버지를 보자 예전에 비해 기력이 떨어져 보였지만 아버지의 모습은 그 어떤 때보다 활기에 차 있었다. 아버지께서 내게 말씀하셨다. "요새 일이 잘 안 풀려서 쉬고 싶었는데, 이 참에 잘 됐네. 겸사겸사 쉬어야지." 아버지가 많이 걱정되기도 했지만 한편으론 미웠다. 건강까지 해치면서 해야 할 일은 아니라고 생각했기 때문이다.

하지만 그것은 해야 할 일이 아닌 아버지의 인생이었다. 돌아가시기 한 달 전이었다.

그래도 제법 몸을 가눌 수 있을 때였다. 나는 아버지께 꼭 묻고 싶었다.

"아빠 후회되는 거 없어?"

"이만하면 잘 살아왔지. 적어도 내 자신한테는 떳떳했으니까, 단지 우리 주리한테 못해 준 게 많아 후회가 되는구나."

나는 하염없이 눈물만 흘렸다. 이렇게 다가오고 나서야 깨달았다. 아버지가 괜찮다고 했을 때 정말로 괜찮은 것이 아니었음을, 모든 것이 딸을 위한 배려였음을.

아버지는 얼른 우주여행이 가고 싶다고 하셨다. 우리 곁을 떠나시기 전 마지막 말씀이셨다. 그리고 정정당당하게 살아가는 아버지의 모습은 나에게 남겨 준 가장 큰 선물이었다.

아버지, 우주여행은 잘하고 계시는지요? 여태껏 제 꿈에 나타나지 않는 것으로 보아 그곳이 행복한가 봅니다. 저는 잘 있습니다. 아버지 동지들 덕분에 이렇게 그리움의 흔적을 남길 수 있게 되었네요. 이 글을 쓰며 아버지와 함께했던 소소한 순간들을 떠올리니 또 새로운 의미로 다가옵니다. 지금 이 순간 아버지께 하고 싶은 말이 있습니다.

"당신이 제 아버지여서 자랑스럽고 고마웠습니다. 다음 생에도 아버지와 딸로 꼭 만나요."

보고싶습니다. 아버지.

다음 생애에는 함께 행복을 찾기를 바랍니다

강혜경 고인의 아내

짧지만 지나온 세월 돌이켜보면, 우리에겐 기쁨과 행복도 잠시 슬픔이란 게 내 곁으로 찾아들었네요. 매일 다른 삶 속에서 내 맘을 펼쳐 보니, 긴 시간을 함께하지 못한 아쉬움 반 미움 반이란 마음만 남았네요.

기다려 주고, 비우고 내려놓고. 이걸 당신에게 못해 줘서 미안합니다. 나에겐 부족한 삶이었지만, 모든 이에게 따뜻한 가슴으로 살아가기를 희망했던 당신. 그 자리에 멋지게 있어 줘서 고마워요.

보석보다 값진 땀방울의 가치를 모든 이에게 나눌 수 있게 해 준 당신의 영원한 동지들에게, 고맙고 사랑한다는 말 대신하여 전하고 싶습니다.

또한 당신께 말하고 싶습니다.

다음 생애에 아무것도 바라지 않은 행복을 찾으러 함께 가요.

우리 손 잡고.

잘 지내고 계시죠?

김문희 여미지식물원 분회 조합원

흔히들 옷깃만 스쳐도 인연이라 하지요. 여미지식물원에서 김동도 본부장님과 20년이 넘는 세월을 같이 보냈으니 보통 인연은 아니구나 하는 생각을 해 봅니다.

그동안 지켜봐 왔던 본부장님 모습은 참 한결같았습니다. 정 많으시고 항상 남을 배려하고 약자의 편에서 생각을 하고 투쟁의 현장에서는 늘 앞에 서 계시고.

우리 여미지 조합원들은 본부장님을 든든한 버팀목이자 큰 나무처럼 정신적 지주로 여겨 왔습니다.

그러나 지금은 옆에서 볼 수가 없네요.

좋은 곳에서 잘 계시리라 생각합니다.

본부장님과의 소중한 인연 항상 고맙고 감사하게 생각하며 오늘도 본부장님이 우리에게 보여 주셨던 그 든든한 모습을 떠올려 봅니다.

그리고 안부를 묻습니다.

김동도 본부장님! 잘 지내고 계시지요?

항상 잊지 않고 기억하겠습니다

강영이 여미지식물원 분회 사무국장

나에겐 늘 멋있고 정 많은 김동도 본부장님!

늘 받기만 하고 준 것 없는 저는 김동도 본부장님만 생각하면 더 가슴이 아파 옵니다.

우린 그렇게 생각했었지요. 언제든 부르면 우리에게 와 주실 것만 같았고 문제를 해결해 줄 거라 믿고 따랐어요. 근데 그건 우리의 욕심만 채웠던 거였어요.

이젠 부를 수도 없는 먼 곳에서 아프지 않고 편히 잘 계시죠? 우리도 같은 공간은 아니지만 늘 열심히 살고 있고 그렇게들 지내고 있어요.

처음 김동도 본부장님을 만난 건 여미지식물원에 입사하면서였고 그때 인연은 시작되었지요. 출근할 때 차를 태워 주셔서 편하게 다닐 수 있었고, 제가 영업파트 일을 할 때도 많은 도움을 받았어요. 항상 나를 부를 때 "영이?" 정다운 목소리로 불렀지요.

갓 새내기 신입이 선배를 졸졸 따라다니듯 잘 따랐고 노동조합을 만들어 문화패 활동을 할 때도 누구보다 잘한다는 말과 끊임없는 칭찬을 아끼지 않았지요.

그때 생각나세요? 눈이 펑펑 내리던 겨울 우리는 노동조합 창립 기념 공연 연습을 하고 있었어요. 밤늦게까지 연습하며 술 한잔 같이 하고 이런저런 추억을 얘기하다 보니 밤새는 줄도 모르고. 그때 추억도 잊지 못할 거예요. 지금 생각하면 참 많은 일들이 있었어요.

늘 큰오빠 같은 모습으로 바라봐 주시며 같이 늙어 갈 거라 생각했건만. 청천벽력 같은 소식 암이라니. 얼마나 아프고 고통스러웠을까?

많이 외롭고 힘들었을 텐데 우린 그저 바라만 봤을 뿐.

그런 아픔 속에서도 우리에게 늘 말하셨지요. 조급해 하지 말고 서로 맞잡은 손 놓지 않고 끝까지 버티는 것만이 승리하는 것이라고. 지금 당장은 힘들고 고통스럽겠지만 힘내자고. 지금 돌아보면 그런 끈기와 용기를 불어넣어 주셨기에 우린 더 큰 사람이 될 수 있었던 것 같아요. 그만큼 많이 의지하고 버팀목이 되어 주셨잖아요. 이렇게 빨리 이별할 줄은 몰랐습니다.

어느덧 1주기가 다가오고 있어요.

김동도 본부장님과의 인연이 푸른 바다만큼 깊고 산처럼 높은데 어찌 잊을 수가 있겠습니까? 항상 잊지 않고 기억하겠습니다.

가끔 울 애들과 함께 찍었던 사진을 보며 얘기하곤 합니다. 집회 장소나 단결한마당 때 늘 밝은 미소로 반겨 주시고 안아 주셨잖아요. 두 딸 현혜와 신혜도 크면 본부장님과의 만남을 기억하며 얘기할 수 있을 거예요. 가끔 현혜가 말해요. 동도 삼촌 보고 싶다고. 그렇게 눈시울을 붉히며 말하곤 합니다.

언제나 그립습니다. 그래서 더욱 열심히 살아야겠죠. 울 예쁜 딸들이 공평하게 살 수 있는 그런 세상을 위해서 더 노력할게요.

많이 보고 싶습니다. 그리고 그립습니다.

미소 천사 동도 삼촌께

현혜 ㅣ 강영이 여미지식물원 분회 사무국장의 딸

삼촌 안녕하세요? 저 현혜에요.

처음에는 삼촌이 많이 아팠다는
말을 듣고 한 번 깜짝 놀랐고, 늘 우리
곁에 항상 웃어 주시고 같이 있는 줄
알았는데 돌아가셨다는 말을 듣고 두
번 깜짝 놀랐어요. 저는 한 번의 행복
도 있지만 또 한 번의 고비가 있다는
것을 제대로 느꼈어요.

그 후로 엄마를 따라 행사장에 가면 허공에 동도 삼촌이 "현혜야!
신혜야!" 이렇게 크게 말해 주시면서 안아 주는 게 제 생각으로 보였
어요.

저도 처음에는 동도 삼촌이 이렇게 저와 빨리 멀어질 줄은 상상도
못했어요. 만약에 동도 삼촌을 다시 만나게 된다면 달려가서 사랑한다
고 꼭 껴안아 주고 싶어요. 그리고 동도 삼촌과 함께했던 즐거운 시간
과 추억들 절대 잊지 않을게요.

동도 삼촌 하늘에서는 아프지 않고 건강하게 지내세요.

동도 삼촌 사랑해요.

동도 삼촌을 좋아하는 현혜 올림

그곳에서는 행복하시나요

양명옥 여미지식물원 노동조합 전 조합원

제가 힘들 때는 투정도 부리고 했는데 정작 위원장님이 필요한 순간에는 힘이 되어 주지 못한 게 많이 미안하고 죄송합니다.

여기서 안 좋은 기억 다 잊고 그곳에서는 편히 계셨으면 좋겠습니다.

저에게는 가족 그 이상이었다는 거 아시죠?

제 인생에 당신을 만나 너무 행복하고 감사했습니다. 사랑합니다.

크리스마스 때 보고는 못 봤네요. 조만간 갈게요^^

후회는 없습니다

오순자 여미지식물원 노동조합 전 조합원

나에게는 두 분의 아버지가 계셨다. 나를 낳아 주신 아버지와 정신적인 버팀목이었던 김동도 본부장님. 하지만 두 분 다 작년 6월에 돌아가셨다. 투병 한 달 만에 친정 아버지를 저 세상으로 보내드리고 정신이 없을 때 본부장님의 부고가 들려 왔다.

내가 본 본부장님의 마지막 모습은 몇 해 전 여름 곽지해수욕장에서 우연히 만난 것이었다. 목소리는 변함이 없는데 많이 달라진 모습에 가슴이 아려 왔다.

내가 처음 여미지 입사할 때는 23살 꽃띠. 입사한 첫 월급날 삼풍백화점이 붕괴되면서 여미지 노동조합이 만들어 지게 되고 본부장님을 중심으로 노조 활동을 하게 되었다. 결혼도 하고 아이도 둘 낳고 많은 일들이 있었지만 우린 너무도 순수했고 여러 가지 일들을 겪으면서 돈독해졌다.

2008년 2월 정리해고를 당하면서 내 청춘을 바쳐 일한 회사에서 버림을 받았지만, 그놈의 의리가 뭔지 본부장님을 외면할 수가 없어 해고 투쟁을 시작했다. 해고 투쟁은 말처럼 쉬운 일이 아니었다. 우리도 힘들긴 했지만 나만 믿고 따라오라던 본부장님의 책임감이 얼마나 무거웠는지, 죄스러운 마음이 많이 들었다. 하지만 후회는 없다. 세상을 향해 바른 말도 뱉어 보고 억울함도 소리쳐 보았다.

언제나 우리 곁엔 본부장님이 있었고 든든한 버팀목이 되어 주고

132 · 기리는 마음

등대가 되어 주셨다. 내 곁에 항상 있을 때는 소중함을 잘 모르지만 아버지를 보내고 나니 아버지가 나에게 얼마나 많은 것을 주셨는지 이제는 알 것 같다. 본부장님은 언제나 정이 많고 인간적이셨다. 마음으로 품어 주신 것을 알기에 더욱 뼈에 사무친다. 이제는 고통 없는 세상에서 머리 아픈 노조 일 내려놓고 훨훨 날아다니실 것이다.

가슴 깊이 새기며 살아가겠습니다

박정란 여미지식물원 분회 조합원

저는 여미지식물원이 첫 직장이었습니다. 사회 초년생이라 만만한 건 하나도 없었습니다. 적응해 갈 쯤 이곳에서 노동자의 권리를 찾고자 하는 바람이 불기 시작했습니다.

노동조합이 무엇인지, 노동조합원으로 무슨 일을 해야 하는지도 잘 모르면서도 김동도 본부장님이 뒤에서 든든한 산처럼 버티고 서 있어 줘서 노동조합활동을 즐겁고, 신나고, 가열차게 할 수 있었던 것 같습니다.

여미지 노동조합이 자리를 잡고 있을 때쯤 김동도 본부장님은 병마와 싸워야만 했습니다. 하지만 병마 따위는 본부장님을 가로막을 순 없었죠. 조합원들이 '건강이 먼저다'라고 말을 했지만, 본부장님을 원하고 필요로 하는 노동조합이 있다면 두말없이 달려가 해결해 주고 싶었던 분, 마음이 따뜻했던 분을 떠나 보낸 지도 일 년이라는 시간이 되어 가네요.

김동도 본부장님의 진정한 노동자의 삶, 노동자로 어떻게 살아가야 하는지 보여 주셨던 당신의 삶을 가슴 깊이 새기면서 살아가겠습니다.

촛불 같은 사람

강혜숙 여미지식물원 분회 조합원

2017년 5월 25일. 그날 여미지식물원 분회는 노사 합의로 10년에 걸친 장기 투쟁이 일단락됐다.

기쁘고 즐거워야 할 그날, 며칠 만에 마주한 김동도 본부장님은 많이 야위어 있었다. 쇠약해진 모습에 눈물이 날 것 같았다.

병마와 싸우면서도 끝까지 본인을 희생하고 남아 있는 동지들을 배려한 결과이기에 더욱 고맙고 마음이 아팠다.

마치 자신을 태워 남을 밝혀주는 촛불 같은 그런 분이셨다.

항상 낮은 곳에서 소외된 사람들을 생각하던 그런 분이셨다.

그날, 그동안 고생하셨다고 고맙다고 꼭 안아 드리고 싶었지만, 그러면 왠지 다시 못 볼 거 같고 마지막일 것 같아 그러지 못한 게 두고두고 후회스럽다.

요즘 때때로 하는 일이 힘들어 손을 놓고 싶을 때가 있다. 그럴 때마다 동지들끼리 서로 의지하며 포기하지 말고 버티라던 본부장님 말씀이 문득문득 떠올라 마음을 잡고 잡아 본다.

우리가 나아가는 길에 항상 옆에서 아버지처럼 든든한 버팀목이셨던 김동도 본부장님, 보고 싶습니다.

부디 마음 편한 세상에서 편히 쉬시길.

사랑하고 감사하고 존경합니다.

항상 옆에서 지켜 주실 거죠?

나수정 여미지식물원 분회 부분회장

'동지.' 왠지 어색하고 거리감 있고 거칠어 보였던 단어. 이제는 나와 함께하는 동지들이 정말 의지가 되고 힘이 됩니다.

내가 여미지에 있고, 5명의 동지들이 있고, 김동도 전본부장님이 여미지에서 언제까지나 '동지'로 남아 같은 뜻을 모아 끝까지 함께할 거라 생각했는데, 아직 많은 것들을 이루지 못하고 먼저 가셨다고 생각하니 앞이 먹먹했습니다.

그리고 1년. 달라진 건 없지만 그동안 많이 갈고 닦은 길이 있기에 별 탈 없이 지내고 있답니다.

앞으로 많은 고초가 따른다 해도 항상 옆에서 지켜주실 거죠?

이 길 생각나세요?

한국정원 옆 벚꽃 길, 멀리서 웃으면서 산보하던 길.

환한 미소 지으며 손 한번 흔들어 주던 모습이 생각납니다.

잊지 않고 기억할게요.

내게 동도 형님은

김연자 여미지식물원 분회 분회장

2007년 12월 김동도 지부장의 "퇴근하고 차 한잔하자"라는 말에 아무 생각 없이 무심코 "네"하고 대답했다. 조용한 찻집에 들어가더니 차분하게 조금은 무겁게 미안한 말을 꺼내겠다고 했다.

"힘들지만 지금 우리가 처한 상황에서 뒤로 물러설 수 없고 그냥 두고 볼 수 없다. 나랑 창하는 2008년 1월 1일 자로 전망대 농성에 들어가려 한다. 그러면 노조를 누군가 맡아야 하는데 지금은 연자 동지 말고는 없다. 미안하다. 해 줬으면 좋겠다."

그렇게 해서 나는 여미지식물원 노조를 맡게 되었고 함께 싸워 나가게 되었다.

2008년 1월 새해 벽두부터 두 동지는 여미지식물원 전망 타워 점거농성을 시작한다. 그냥 점거농성만이 아니라 단식까지 들어갔다.

조합원들이 출근을 하고 일을 하는 동안은 조금이라도 챙길 수 있었지만, 두 동지만 남겨지고 그리고 이후 동도 형님만 농성을 하게 되면서 마음이 괴로웠지만 해 줄 수 있는 게 없었다. 우리는 우리대로 중식 집회를 하며 투쟁을 이어갈 수밖에.

그렇게 전망대 점거농성을 시작하자 악랄한 부국 자본은 온실 입구문을 잠그는 비열한 짓을 했다. 혼자 있어 어떤 상황이 벌어질지 모르는데, 추위와 배고픔 그리고 고독과 싸우며 동도 형님은 점거농성을 계속했다.

힘겨운 싸움을 해도 불평 한마디, 힘들다는 말 한마디 없었다. 이후 정리해고 투쟁은 계속 이어졌다. 그렇게 동도형님과 함께하는 활동을 하게 되었다.

옛날에 '자야'라는 이름의 과자가 있었고, 내 별명은 '자야'였다. 항상 나를 부를 때 '자야 분회장'이라 했던 동도 형님이었다.

선뜻 할 수 없는 일들을 앞장서 진행하셨던 동도 형님의 암 발병 소식은 둔기로 한 대 맞은 것보다 더 큰 충격이었다. 한 해에 두 번의 단식, 해고 투쟁과 지역 노동운동과 관련된 수많은 일들을 하며 자신의 몸이 망가지고 있는 걸 모른 채 바쁘게 활동하며 얻은 병이었다.

암 투병을 하고 있는 형님에게 굉장히 무심했다. 아팠지만 무너지지 않고 괜찮으리라 생각했다. 마르고 마르고 말라 가도 그래도 우리와 함께 있으리라 여겼다.

공기 같은 존재.

자신보다 타인을 먼저 생각하는 사람.

권력과 명예에 연연하지 않은 사람.

명분과 원칙을 중시하며 크게 바라보는 사람.

낮은 곳에 있는 사람들과 함께하려 한 사람.

사람다운 사람.

지금은 볼 수 없는, 양지공원에 가서야 볼 수 있는 사람.

사진을 쓰다듬고 눈을 마주치고 가만히 바라보는 것밖에 내가 해 줄 수 없는 사람.

위안과 다짐의 시간을 보내고 다시 안녕을 고한다.

이제 아픈 동지들이 없었으면

강윤희 평등노동자회 회원

동지를 떠나보낸 지 1년이 다 되어 가지만 아직도 얼굴만 떠올려도 마음이 시리고 아프다. 왜 앙상한 몸으로 마지막까지 당신 걱정보다 동지들 걱정과 못 다한 노동운동 걱정을 더하면서 생을 마감하셨는지 원망스럽기까지 하다.

전국노동자회 활동을 함께하면서 알게 된 김동도 동지는 항상 얼굴에 웃음과 자신감이 넘쳐흐르는 사람이었다. 어떤 일에도 지치지 않고 쩌렁쩌렁했던 그의 목소리가 참 그립다. 그 넘치는 열정이 한 해가 다르게 제주 지역으로 퍼져 나가니 김동도 동지가 떠안고 감내해야 할 운동의 과제는 더 커져만 갔을 것이다. 10년 만에 여미지식물원 초대 위원장인 김동도 동지의 복직 판결이 언론에 났을 때, 기쁘기보다는 그간 흘렸을 눈물과 투쟁이 암 투병이라는 상흔으로 남아 있는 것 같아 많이 속이 상했었다.

작년에 마지막 동도 형님이 가는 길을 보기 위해 제주도로 가는 비행기 안에서 참 많이 울었다. 십여 년 넘던 세월이 주마등처럼 지나가면서 마지막까지 노동당 제주도당 위원장이라는 직책을 맡고 있었다는 사실에 너무 속이 상했다. 왜 죽어가면서까지 그 책임을 지려고 했는지, 당신을 아픈 몸으로 만든 현실이 원망스럽지도 않았는지, 왜 우리는 동도 형님을 이 지경으로 몰아넣었는지, 그를 아프게 한 죄인이 된 심정으로 가슴이 아파왔다.

나는 김동도 동지의 암 투병이 시작되고 얼마 뒤 암 진단을 받게 되었다. 그간 지칠 줄 모르고 활동해 왔던 노동운동, 진보정당운동, 사회운동의 길을 되돌아보며, 새로운 세상을 만들겠다는 희망은 과로, 책임감, 중압감으로 활동가들의 몸과 마음을 많이 무너트리고 있다는 사실을 알게 되었다. 터무니없는 자본의 횡포와 그에 맞서는 끝도 보이지 않는 투쟁의 현실을 버티고 넘어서기가 참 힘들었다. 게다가 그것이 평생 자신의 몫이라고 생각하며 활동하고 살아가는 이들에게는 그 투쟁조차도 할 수 없는 육신이 되었을 때 그 상실감은 더 컸다.

김동도 동지의 헌신과 희생이 뿌린 그 자리에는 평등노동자회, 노동당, 민주노총이 있다. 피하고 싶지만 1년이 멀다 하고 열사를 마주하게 되는 노동운동 현장에서 항상 남은 자의 몫을 다하겠다고 열사에게 다짐하고 또 다짐했었다. 그러나 김동도 동지 장례식장에서는 남은 자의 몫이 없다. 김동도 동지가 너무 많은 것을 하고 가 버렸다.

장기 투쟁 사업장에서 해고자 생활을 하면서 가족에게는 정상적인 단란한 가정을 만들어 주기 힘들었을 것이고, 십여 년간 이어진 복직 투쟁은 정상적인 심리 상태를 유지하기 힘들게 했을 것이다. 생의 끝자락에 가서도 남아 있는 동지들 안부를 묻고 걱정을 했다는 얘기를 듣고 참 마음이 아팠다. 아직도 해야 할 일이 많이 있는데 발걸음이 떨어지지 않았나 보다.

김동도 동지와 함께 참 좋은 세상 만들면서 오래오래 함께하고 싶었는데 아직도 마음은 동도 형님을 떠나보낼 수 없다. 동도 형님이 걸어 왔던 그 길은 감히 내가 상상하기도 힘든 길이었음이 아직도 가슴을 아프게 한다.

진심으로 김동도 동지가 걱정 없이 편히 쉬기를 기원한다. 그리고 김동도 동지처럼 아픔을 겪는 사람이 이제는 없었으면 좋겠다.

동지를 사랑합니다. 잊지 않겠습니다.

광주에서

지금도 형님의 이부자리를 챙긴답니다

김재광 전 좌파노동자회 집행위원장

집안 정리를 하다 보면 때론 어떤 노트 사이에서, 때론 가방 깊은 곳에서 형님의 흔적이 나온다. 병원에서 받은 진단서나 처방전들이다. 그럴 땐 한동안 먹먹해지고 멍해진다. 눈물이 날 때도 있다. 형님의 흔적은 이렇게 예상치 못한 곳에 남아 있다.

처음 병원에서 6개월 시한부 판정을 받았다. 수술이 불가능하다는 판정이었다. 처음엔 2주, 좀 지나선 3주에 한 번씩 항암제를 투여했다. 항암제 투여 후 하루나 이틀 지나면 항암제의 부작용이 나타난다. 식사를 못하고 급격히 몸이 쇠약해진다. 처음엔 임석영 노동당 부대표가 신촌 세브란스병원에서 항암제 투여 후에 일주일 정도 자신이 근무하는 병원에서 몸을 회복할 때까지 입원해 계실 것을 권했다. 그런데 형님은 병원에 있는 걸 싫어했다. 링거 꽂고 누워 있는 것이 견디기 힘드셨던 모양이다. 결국 항암 치료 후 몸의 부작용이 지나가고 회복되실 때까지 우리 집에 모셨다. 그래도 병원보다는 편하게 생각하셔서 다행이었다. 그렇게 항암 치료를 받으시고 일주일 정도 집에 계시다가 제주로 내려가시고 다시 항암 치료를 위해 서울로 올라오시는 일정이 수개월 반복됐다.

그러던 어느 날 약물로 항암 치료만 계속 받다가 이대로 죽을 순 없다고 결심하셨다. 수술을 결심했고, 작은 가능성이라도 찾기 위해 수술을 하려 다른 병원을 찾아 다녔다. 처음 두 곳에서는 어렵다고 했다. 다행히 수술을 해 보자는 병원을 찾았다. 가능성이 높아서가 아니라 다른 선택이 없으니 해 보자는 의미였다. 자칫 몸만 더 힘들어 질 수도, 더 생명을 단축할 수도 있는 결정이었다. 그래도 하겠다 했다. 살고자 하는 의지가 강했다. 살아야 할 이유가 많다고 했다. 다행히 수술 결과는 좋았다. 수술 후에도 여전히 2주 또는 3주에 한 번씩 서울에 올라와 고통스런 항암 치료를 받아야 했지만 무기력하게 죽음을 기다리진 않아도 됐다. 마음도 많이 안정됐다. 항암 치료를 하고 삼사일 집에 계시다가 서울에서 제주로 내려가시면 오름도 오르고 운동 삼아 밭일도 하시며 조금씩 체력을 키워 갔다. 그렇게 6개월 선고가 1년이 되고, 2년이 되고, 4년이 됐다. 그렇게 평생 암과 함께하는 삶일지라도 더 오래 우리와 함께하실 거라 기대했다. 그냥 그렇게 형님과 함께 그런 삶을 살아 갈 거라 생각했다.

그리고 그 시간 동안 형님은 동지들의 요청을 거절하지 않았다. 경험이 적은 젊은 대표를 보좌해 주마 하고 좌파노동자회 부대표를 맡아 주었다. 그 임기를 마칠 때 쯤 또다시 동지들의 요청으로 노동당 제주도당 위원장 출마를 수락하셨다. 나는 두 번 모두 반대했다. 하지 마시라 했다. 하지만 형님은 얼마의 시간이 남았든 환자로 남은 시간을 보내지 않겠다 했다. '큰 역할을 못해도 할 수 있는 일을 하겠다, 동지들이 나를 필요하다 하니 해야 한다.' 지역의 여러 현안에도, 특히 사람을 챙기는 일에는 적극적이었다. 올라오실 때마다 누군가에 대한 걱정을 갖고 올라오셨다.

자그마한 집도 마련하셨다. 나는 처와 함께 제주에 내려가 이것저것 살림살이를 들였다. 집을 지을 부지에 임시로 올린 집이었지만 살림살이를 들이니 그럴듯했다. 지금은 좁지만 제대로 집을 지어 동지들이 제주에 오면 쉴 공간으로 만들겠다고 하셨다.

그런데 시간이 흐르니 몸 곳곳에서 이상 증상이 생겼다. 가장 심각한건 오랜 항암제 투여로 인한 신장 기능의 이상이었다. 항암제도 여러 차례 바꿨다. 반환점을 돌았고 3개월에서 길어도 해를 넘기기 어렵다는 이야기를 의사로부터 들었다. 믿기지 않는 이야기였다. 그때 많이 상심하셨다. 그 때문인지 정말로 이전과는 다르게 올라오실 때마다 쇠약해져 갔다. 병원 진료 후 유일하게 한 그릇 비우시던 단골집 추어탕도 더 이상 드시지 못했다.

그럼에도 대법 판결로 복직된 후 몸이 아프셔도 출근하셨다. '회사에 보여 줘야 한다. 여미지 교섭, 죽기 전에 해결돼야 한다. 내가 사라지면 사측에서 큰 부담을 하나 덜게 된다. 내 존재가 사측을 압박하는 존재일 때 해결해야 한다.'

그러면서도 여러 생각이 들었나 보다. '내게 주어진 시간이 얼마 남지 않음으로 조합에서 교섭을 서두르게 되지 않을까 걱정이다. 자칫 우리 조합원들이 나 때문에 교섭을 서둘러 매듭 짓지 않았으면 좋겠다. 조그만 성과라도 의미 있는 결과로 매듭 지어야 한다.'

아무런 말도 할 수 없었다.

마지막으로 서울대병원에 간 날. 그 전날 검사를 받고 돌아오는 길에 형님은 다시 힘을 내야겠다는 결심을 하셨다. 내게 좀 더 신세를 져야겠다며 좀 더 고생해 달라 했다. 나한텐 미안하지만, 우리 이렇게 좀 더 이렇게 살아가자 했다. 그날은 추어탕 집에 들러 한 그릇을 다 비우셨다. 다시 힘을 내 시작해 보자는 의미였을지도 모르겠다. 그런데 검사 결과 더 이상 치료가 어렵다며 항암 치료를 중단하자는 의사의 이야기를 들었다. 아무 말씀 없으셨다. 난 왈칵 눈물이 쏟아질 것 같은데 형님은 애써 담담한 표정을 지으셨다. 그리고 당일 제주로 내려가셨다. 형님을 내려 드리고 공항 주차장에서 한동안 울었다.

그리고 얼마 후 여미지 교섭을 마무리 짓는 자리에서 본 형님은 이전의 모습이 아니었다. 몰라 볼 정도로 수척해져 있었다. 무척 힘들어하셨다. 그럼에도 교섭이 끝나고 찍은 사진에선 환하게 웃으셨다. 조합원들과 포옹하며 인사를 나누셨다. 이별의 인사였는지도 모르겠다. 그리고 어느 깊은 밤 동지들 곁을 떠나셨다. 그날 오후 비행기를 예약해 놓았었다. 위중하시다는 말에 제주로 내려가려고 했는데 당일 일이 많아 결국 내려가지 못했다. 설마 오늘은 아니겠지 하고 다음 날 새벽 비행기로 변경했는데 평생 후회할 일이 되고 말았다.

4년여의 시간 중 가끔은 다 놓고 싶다는 말씀을 하실 때도 있었다. 그러나 다음에 다시 올라오시면 이런저런 고민과 걱정을 잔뜩 안고 오셨다. 마지막까지 형님이 당신의 부재를 걱정하던 동지들이 있다. 그렇게 주변의 동지들에 대한 걱정과 애정을 끝까지 갖고 가셨다. 1년여가 지났지만 형님의 부재가 사실 아직도 실감이 나질 않는다. 어느 날 늘 그랬던 것처럼 공항에 마중 나가야 할 거 같고 계절이 바뀌면 형님 쓰실 이불을 챙겨 놓아야 할 거 같다. 제주에 내려가면 형님이 여전히 계실 거 같다.

한 사람의 운동가로서 김동도의 삶을 이야기하는 건 쉽지 않다. 다만 함께 살아 온 사람으로서 김동도는 삶의 좋은 선배였고 동지였다. 그는 그렇게 좋은 형님이었다.

자랑스러운 기억, 그립습니다

김홍규 전 좌파노동자회 집행위원장

보고 싶을 때 볼 수 없고 목소리 듣고 싶을 때 들을 수 없는 사람을 기억하는 것은 한편으론 괴로운 일입니다. 그래도 좋은 기억으로 함께 의지하며 시간을 보냈습니다. 좌파노동자회 활동에 대해 무용담을 주절거릴 때 언제나 형님의 이름은 빠지지 않고 있습니다. 김동도 동지의 이름은 즐거운 기억이고 자랑스런 기억입니다.

노동자운동을 하겠다고 전국노동자회에서 활동하면서부터 동도 형님을 뵙게 될 일이 많아졌습니다. 노동자운동의 경험이 미천한 후배에게 오래도록 노동자운동에 헌신했던 형님의 존재는 무척이나 컸습니다. 전국노동자회에서 '새로운 노동자정당 추진위원회'(새노추)와 좌파노동자회로의 전환, 그리고 민주노총 임원 직선제 투쟁과 민주노총 선거까지 그 격변의 시간에 형님은 저에게 든든했고 고마운 동지였습니다.

돌이켜 보면 형님은 언제나 앞에 계셨습니다. 좌파노동자회가 중요한 변화의 지점을 맞이할 때, 노동자운동 혁신을 위해 민주노총 선거에 나서야 했을 때, 민주노총 직선제 투쟁을 했을 때, 형님은 앞에 계셨습니다. 투병 중임에도 불구하고 당시 좌파노동자회의 신임 대표였던 신현창 동지에게 힘을 보태기 위해 부대표를 하시겠다는 말씀을 들었을 때, 지역에서는 노동당 제주도당 위원장을 맡으셨다는 소식을 들었을 때, 저는 형님다운 결정이라고 생각했습니다. 그건 형님의 운동이기도 했고 동지들에게 마음을 쓰는 형님의 방식이기도 했습니다.

형님과는 사적인 추억도 참 많습니다. 그만큼 함께 운동하는 동지들에게 시간을 쓰는 일도 소홀하지 않으셨습니다. 회의가 있어 서울에 오시게 되면 중앙 활동가인 저희들을 오히려 챙겨 주셨던 자상한 형님이었습니다. 해고 투쟁에 승리해서 해고 시기에 못 받은 임금을 받았다며 적지 않은 돈을 회비로 내시며 웃으시던 모습, 서울과 인천, 제주를 오가며 술잔을 기울였던 시간, 함께 좋아했던 당구를 즐기며 오고 가는 이야기에 귀를 기울이던 형님의 모습이 떠오릅니다.

동도 형님이 돌아가신 지 1년이 되어 갑니다. 슬픔은 조금 무뎌졌지만 허전한 마음의 크기는 변함이 없습니다. 삶의 끝에서도 남겨진 사람들의 몫을 걱정하셨을 형님! 따뜻하고 인간적이었던 활동가 김동도 동지를 언제나 기억하겠습니다.

동도 형님과의 추억

이대근 전 좌파노동자회 집행국

동도 형님이 세상을 떠난 지 1년. 보통은 시간이 빨리 흘러 벌써 1년인가 싶을 듯한데 이상하게도 1년 전이 아득히 먼 옛날같이 느껴집니다.

동도 형님을 처음 알게 된 건 제가 2011년 전국노동자회에서 상근을 하면서였습니다. 전국노동자회부터 좌파노동자회(현재 평등노동자회)까지 노동자회 활동을 하며 동도 형님과의 많은 추억이 있었습니다. 몇 가지 추억을 기억해 봅니다.

어느 지역이든 손님이 오면 잘 챙겨 주려고 하는 것이 인지상정이지만 특히 제주에서 동도 형님은 사람들을 정말 따뜻하게 대해 주셨습니다. 제주도는 전국에서 많은 사람이 일정 외에도 개인적으로 오는 경우도 많아서 안 그래도 바쁜 일정에 때론 귀찮기도 할 텐데, 항상 그런 동지들을 잘 챙겨 주었습니다.

노회 중앙 상근자들이 지역 순회 차 제주도에 갔을 때 일입니다. 당시 제주위원회 위원장이었던 문도선 위원장님이 근무 시간이었는데 동도 형님은 "문도선 위원장이 휴가를 내고 와야지" 하시며 장난기 어린 표정으로 "더 호텔(문도선위원장 근무지)로 갑시다" 하며 등산복 차림의 5명의 상근자를 이끌고 오성급 호텔인 더 호텔 로비로 쳐들어갔습니다.

호텔 로비에 앉아 이야기하다가 문도선 위원장님의 퇴근을 재촉

하며 조합원이 제빵사로 있는 로비 옆 베이커리에 가서 빵도 먹고 다른 조합원들과 인사도 하고 했던 기억이 납니다. 덕분에 평소 얼굴을 잘 모르던 노회 회원인 더 호텔 조합원들의 얼굴을 볼 수 있었습니다.

언젠가 동도 형님과 노동자회 회원 부부와 함께 식사를 했습니다. 더호텔 조합원이 더호텔 투쟁에 연대하러 온 여미지식물원 조합원과 만나 결혼한 부부였습니다. 부부는 아이를 낳아 두세 살 된 아이와 함께 왔습니다. 육아로 지친 부부가 편히 식사할 수 있도록 식사하는 내내 동도 형님이 아이를 돌보며 대화를 나누던 모습이 인상 깊었습니다.

동도 형님은 회의나 일정으로 서울로 오는 일이 많았습니다. 노동자회 일정뿐만 아니라 민주노총 일정 등으로 상경하는 경우가 많았는데, 일정이 늦게 끝나기도 하지만 제주 비행기 시간이 일찍 끊기기 때문에 당일 제주로 돌아가는 것은 거의 불가능합니다. 그런 날이면 당시 노회 상근자들이 인천에서 많이 살았기 때문에 인천으로 함께 가서 1박을 하는 경우가 많았습니다.

동도 형님은 사람들과 어울리는 것을 좋아했는데 주로는 술자리와 당구장이었습니다. 당구 자체도 좋아하지만 술자리가 연이어지는 중간에 쉬어 가는 효과도 있었습니다. 그렇게 사람들과 함께 이야기하고 어울리는 것을 좋아하셨습니다.

그 자리에 당시 상근자였던 이미경 동지가 당구는 치지 않지만 함께했습니다. 이미경 동지는 주로 응원을 했는데 아쉽게 못 치고 넘어가는 경우에는 '아숩', 정말 아쉽게 안 맞은 경우에 '대아숩'이라는 추임새를 넣었습니다. 동도 형님은 추임새를 무척이나 즐거워하셨고 이후 당구장에서 동도 형님은 굵은 목소리로 '아숩', '대아숩' 추임새를 하셨습니다. 요즘도 당구장에 가면, 이런 추임새가 생각이 날 때면 동도 형님과의 추억이 떠오르기도 합니다.

동도 형님이 인천에 올 때면 저희 집에도 몇 번 다녀갔고 아들인 영준이를 무척 예뻐했습니다. 언젠가 한번은 연말에 제주도에 저희 세 식구가 놀러간 적이 있는데, 그 첫날이 공공 제주지부 송년회였던 것으로 기억합니다. 송년회에 차려진 맛난 음식을 함께 먹는 것으로 첫날을 보냈습니다. 연말이라 송년회가 많아 강정마을 송년회, 노회 송년회 등 여러 일정에 초대해 주셨고, 저녁에는 가족과 함께 제주의 여러분들과 함께 어울렸습니다.

연말 바쁜 일정 중에 일정이 없는 하루는 동도 형님이 영준이를 위한 일정을 준비하셨습니다. 휴애리 자연생활공원에서 여러 동물들도 봤고, 마지막 흑돼지 쇼는 영준이가 무척 즐거워했습니다. 휴애리에서 나와서 만장굴로 가서는, 동도 형님이 영준이와 손잡고 걸으며 동굴 이곳저곳을 설명해 주시면 영준이가 무척 즐거워했습니다. 만장굴은 굉장히 길었는데 중간에 쉬야가 급한 영준이는 유네스코 세계자연유산인 만장굴에 영역 표시를 하고 왔지요. 당시 5살이던 영준이는 11살이 된 지금까지도 만장굴에서의 동도 형님과의 추억을 기억하고 있습니다.

노동자로, 운동가로 강한 사람이었지만 동지들에게, 후배들에게, 아이들에게 정말 따뜻하고 인간적인 사람이었습니다. 오늘 동도 형님과의 추억을 되새기니 더욱 동도 형님이 그리워집니다.

김동도 동지께 드리는 글

이미경 전 좌파노동자회 집행국

항상 위원장님, 본부장님, 형님이라고 부르다가 갑자기 동지라고 불러서 어색하실 수도 있겠습니다. 생각해 보니 옆에서 함께 활동하고 생활하는 동지들을 주로 직책이나 이름으로 부르다 보니 실제로 '동지'라고 부를 일이 별로 없더군요. 저에게 소중하고 의미 있는 동지들로부터 제가 '동지'라고 불리는 경우도 흔치 않습니다. 그런데 처음 만난 순간부터 저를 '미경 동지'라고 불러 주었습니다. 제가 동지의 삶과 성품에 대해 이미 조금은 알고 있던 터라 그랬을 수도 있지만, 별다른 위화감이나 어색함이 느껴지지 않았고, 상대에 대한 존중과 따뜻한 마음이 느껴졌습니다. 직접 말씀드린 적은 없지만 저는 '미경 동지'라는 호칭이 참 좋았습니다. 그래서 저도 이런 제 마음을 담아 김동도 '동지'라고 불러 봅니다.

처음 만나 인사를 나누던 순간에 환하게 웃으시며 '우리 후보님, 제주에서 출마해 주셔서 감사합니다. 덕분에 우리도 당을 알리는 선거운동을 할 수 있었습니다.'라고 재차 말씀하셨던 것이 제게는 아주 선명한 기억으로 남아 있습니다. 2008년 지방선거 때 저는 사회당 제주도 비례대표 후보로 출마했습니다. 이름만 후보였을 뿐 제주도에 내려가서 선거운동을 하지 못했고, 서울에서 선거운동을 하고 있어서 그것이 약간의 미안함 내지는 겸연쩍음으로 남아 있는 정도였습니다. 그런데 많은 제주 동지들을 대신해서 진정 어린 고마움을 전해 주셨고, 덕분에 저는 제주도 동지들을 이전보다 훨씬 더 가깝게 느낄 수 있게 되었습니다.

전국노동자회 상근을 시작하면서 본격적으로 동지와 관계를 맺고 노동운동의 공간에서 함께 활동하게 되었습니다. 여미지식물원 노동조합 위원장 활동, 수차례의 해고와 복직 투쟁, 제주관광산업노동조합 위원장 활동, 정당 활동, 노동운동을 넘어선 다양한 지역 내 연대 활동 등을 벌여 온 왕성하고 연륜 있는 운동가였던 동지는 새로운 목표와 과제를 달성하기 위해 한시도 멈추지 않았습니다. 제주지역본부장으로서 민주노총의 민주적인 운영과 투쟁력 복원을 위해 원칙적인 태도를 견지하고 내부 투쟁을 벌여 나갔습니다. 한 걸음 더 나아가 새로운 민주노조운동을 조직하고 노동자들의 정치세력화를 위한 정치적 역량을 결집하기 위해 '새로운 노동자정당 추진위원회'의 공동대표로도 활동하였습니다. 민주노총의 직선제 쟁취를 위한 투쟁에도 지역본부장으로 고군분투하셨고, 실제 임원 선거 시기에도 공동선대본부장으로 역할을 다하셨습니다.

사실 제주와 서울을 오가며 바쁜 일정을 소화하는 것이 동지에게는 쉽지 않은 일이었겠지만, 저를 포함한 노동자회 상근자들은 동지가 회의 전후에 사무실에 들르거나 회의를 마치고 인천에서 하루를 마무리하는 시간이 참 좋았습니다. 술자리에서 이후의 과제나 살아가는 이야기, 회의 후 소회를 나누거나 당구를 치면서 소소한 대화를 주고받는 시간들이 조금도 불편하지 않고 즐거웠습니다. 아마도 동지가 자신의 삶과 운동을 내세우며 자신의 생각과 주장을 전달하거나 나이나 지위를 근거로 훈계하는 중년의 남성 운동가였다면 불가능한 일이었겠죠. 항상 겸손하면서도 따스한 웃음과 경청하는 태도로 동지들을 대했고, 그러면서도 단호하고 원칙적인 태도를 잃지 않고 신념에 충실한 활동을 지속해 나가는 동지를 존경했습니다. 더 노골적으로 고백하자면, 동지와 같은 꿈을 꾸고 같은 세상을 만들어 나간다는 사실에 마음 깊은 곳에서 뿌듯함을 느끼기도 했습니다.

그래서 동지가 투병하는 그 오랜 시간, 오히려 전화 한 통 드리기가 쉽지 않았습니다. 주변 동지들에게 동지의 병세와 치료 근황을 확인하고 걱정하면서도 직접 동지를 마주할 용기를 낼 수 없었습니다. 동지가 노동당 제주도당 위원장 임기를 시작한다는 이야기를 들었을 때도 마지막까지 최선을 다하고자 하는 운동가로서의 동지가 존경스러웠습니다. 한편 동지의 건강이 염려되는 마음과 '마지막 순간이 다가오는구나'라는 슬픔이 교차하여 가슴이 먹먹해졌습니다. 그러나 동지의 결정을 존중하고 멀리서 응원하는 것으로 제 마음을 대신하였습니다.

너무 늦었지만, 그래도 용기를 내어 마지막 가시는 길에 동지에게 인사를 드릴 수 있어서 전 좋았습니다. 아시겠지만 비정규직 교사인 제가 조퇴와 연가를 연이어 쓴다는 것은 개인적으로도 쉽지 않은 일이고, 가족과 관련된 일이 아닌 것이기 때문에 학교로서도 상당히 드문 일이었습니다. 좋았다는 표현이 이상하고 적절하지 않을 수도 있지만, 제가 마지막으로 보았던 병색이 완연한 얼굴과 여윈 몸의 환자로서가 아니라 헌신적이고 열정적이었으며 많은 사람의 사랑과 존경을 받은 운동가이자 좋은 사람으로서의 동지를 배웅할 수 있었기 때문에 저로서는 솔직하게 표현한 것입니다.

아직도 저는 먼저 떠나간 동지들에게 명복을 빈다는 말을 하는 것이 참 어렵습니다. 동지에게도 역시 그러합니다. 동지를 회상하는 이 글을 쓰는 동안 동지의 삶을, 함께 했던 그 시간을, 그리고 우리에게 보여 주었던 동지의 겸손함, 헌신성, 열정, 따스함, 치열했던 삶을 다시 한 번 돌아볼 수 있었습니다. 좋은 기억과 행복했던 시간을 남겨 주셔서 감사합니다.

시간이 흐를수록 우리의 삶과 운동의 조건이 더 어려워져 그 무게가 버겁게 느껴질 때 동지를 잊지 않고 기억하겠습니다. 그리고 동지가 홀로 의연하게 감내했을 고통과 외로움을 생각하면서 죄송한 마음과 평온을 비는 마음을 전합니다.

동지에 대한 관심

박대진 전 좌파노동자회 집행국

어색하긴 합니다. 김동도 형님에게 글을 쓰려니. 한 번도 따로 글을 써 본 적도, 따로 대화를 나눈 적도 없습니다. 겉으로 보기에 그렇게 각별한 사이도 아니었습니다. 그런데 동도 형님이 늘 절 신경써 주신다는 느낌을 받았습니다. 그래서 저는 형님이 늘 각별했습니다.

주제넘은 말이지만 동도 형님은 사람을 잘 아셨습니다. 누가 어떤 사람인지, 무얼 싫어하고 좋아하는지 잘 알고 그 사람에게 맞게끔 대하셨습니다. 알고 있음을 내색하시지도 않았습니다. 늘 편안하게 하며 자연스럽게 이끌었습니다. 전국노동자회, 새로운 노동자정당 추진위원회, 좌파노동자회에서 함께했던, 이제 노동운동을 막 배우는 젊은 친구들에게 한 치의 권위도 내세우지 않고 치기 어린 행동들을 아우르며 길을 보여 주셨습니다. 그리고 형님은 당연하단 듯이 언제나 필요한 곳에서 필요한 역할을 맡고 계셨습니다.

처음 형님을 다 같이 만났을 때 전국노동자회 젊은 상근자 네 명은 형님의 '팬클럽'이 되었습니다. 자기를 내세우고 자기주장만 하기 바쁜 운동판 틈 속에서, 그것도 오랫동안 노동운동을 해 온 50대의 중년 남성이 그런 센스와 겸손함을 보인다는 것에 우리 모두는 놀랐습니다. 제주도에서 서울에서 인천에서 함께 회의하고 술 먹고 당구 치고 집회 가고 이야기하며 우리는 모두 불편함 없이 어울렸습니다. 노동운동에 대해 형님에 대해 자연스럽게 물들어 갔습니다.

아무것도 아닐지 모르지만 저에겐 특별한 기억이 있습니다. 이제 막 노동운동을 시작하며 소심하게 쭈뼛거리며 투덜대던 저에게 형님은 '대기만성형'이라고 하셨습니다. 아직도 뚜렷이 기억에 있습니다. 계속 노동운동을 할지 말지 잘 모르던 그때 던진 형님의 말이 지금도 불현듯 떠오릅니다. 형님의 말대로 아직 대기 상태이지만 만성을 위해 하루하루 열심히 살아가려고 합니다.

어쩌면 형님의 센스와 겸손은 '관심과 사랑'에서 비롯되는 것이 아닐까 생각해 봅니다. 다들 자기를 위해 살기도 바쁜 세상에 형님은 동지들의 생각과 생활에 관심을 가지고 겸손하게 배려하셨습니다. 그래서 형님과 함께했던 모든 사람들은 저와 같은 기억을 하나쯤은 가지고 있을 거라 생각합니다. 자신을 위한 배려가 아니라 정말로 그 사람에게 관심과 사랑을 가지고 배려하였습니다.

형님이 가신 이후로 저의 이기심이 더 크게 느껴집니다. 좀 더 다가가지 못한 날들이 아쉽습니다. 쭈뼛거리며 투덜만 댔지 정말로 존경하고 좋아한단 말을 하지 못해서 너무 아쉽습니다. 형님 소식에 안타까워만 했지 표현하지 못한 날들이 한스럽습니다. 부정하실지 모르겠지만 전에도 그렇고 지금도 그렇고 형님은 제가 가장 닮고 싶은 선배입니다.

여전히 존경합니다. 고맙습니다.

뚝심으로 싸워 오신 형님이 여전히 그립습니다

정광진 전 전국노동자회 대표

지난해 2017년 6월 27일, 기나긴 암 투병 끝에 동도 형님이 세상과 작별을 고했다. 형님과 동지애를 나눴던 세월은 그리 길지 않았다. 그러나 형님과 함께했던 시간의 길이와 관계없이 형님은 하나의 이정표였다. 내가 운동을 통해 배워 나가야 할 모습이었다. 그래서 편했다. 제주에 내려가는 날이면 기분도 상쾌해졌다. 형님과 기울이던 한잔의 술에 용기가 솟아났다. 마음 한 구석에 드리워진 먹구름도 말끔하게 씻겨 나갔다. 나에게 동도 형님은 그런 존재였다. 그래서 제주에 내려가는 날이면 항상 설렘과 기대로 가득했다.

그런데 형님이 돌아가셨다는 소식을 접하고 제주로 향하는 길은 전혀 그렇지 못했다. 왜 그리 서러웠는지? 왜 그리 억울했는지? 영정과 마주하는 순간부터 하염없이 눈물이 쏟아져 내렸다. 주체할 수가 없었다. 내 스스로도 감정이 메마른 냉혈한인 줄 알았는데. 어머니가 돌아가셨을 때도 눈물 한 방울 흘리지 않은 독종이라는 소리를 들었던 나였는데.

2006년 여름에 처음 만난 것 같다. 검게 그을린 얼굴에 인자한 미소 가득한 40대 중반의 사내가 제주공항으로 마중 나왔다. 그리고 신제주 연동에 위치한 제주지역관광산업노동조합('제주관광노조') 사무실에 앉아 수인사를 나눴다. 동도 형님이 제주관광노조 초대 위원장이었다. 그리고 위원장님에게서 제주 지역 민주노조운동의 현실과 노조가 풀어 나가야 할 과제, 여미지식물원 지부를 포함한 네 개 지부의 현안 문제 등에 대해 이야기를 들을 수 있었다. 처음에 통화할 때 요청받았던 것은 조합원 교육이었다. 단체교섭과 단체행동을 중심으로 조합원 교육을 해 달라는 요청이었다. 그러나 위원장님으로부터 노조의 상황과 고민을 들으며, 교육만 끝내고 올라가는 것은 의미가 없다는 생각이 들었다. 하루를 묵기로 했다. 어쩌면 더 길어질 수도 있겠다는 생각에 비행기 표도 취소했다.

도두봉 부근에서 조합원 교육을 진행하고 뒤풀이를 마친 이후에 숙소로 이동했다. 위원장님이 이끄는 대로 발걸음을 옮겼다. 연동에 위치한 원룸이었고, 위원장님이 혼자 생활하는 방이었다. 봉개가 집이었으나 출퇴근하는 문제나 노조 활동의 편리 때문에 노조 사무실 부근으로 집을 구한 것이었다. 술을 나누며 많은 이야기를 들었다. 그리고 배울 수 있었다. 무엇보다도 위원장님의 강인한 결기를 느낄 수 있었다.

제주관광노조는 제주에서도 또 하나의 섬과 같은 조직이었다. 상급 단체도 없는 독립노조였다. 노조의 투쟁에 지역 연대도 이루어지지 못했다. 민주노총을 탈퇴한 조직의 투쟁에는 연대할 수 없다는 궤변으로 인해 연대의 힘을 받지 못했다. 제주관광노조는 서비스연맹의 비민주적 행태와 집행부의 독선적 운영 등 문제를 제기했고 조직 혁신을 주창했다. 그러나 소귀에 경 읽는 격이었다. 결국 제주 지역 관광업에 종사하는 모든 노동자를 담아내고자 산별노조를 설립했고, 서비스연맹의 방해로 인해 민주노총에 가맹하지 못하고 독립노조의 길을 걸어야 했다.

그러나 위원장님은 자신감으로 가득했다. 민주주의가 실종된 노동조합은 민주노조가 아니다, 비록 힘 있게 연대투쟁이 조직되지는 못하고 있지만 이 길이 정당하고 우리의 주장이 당연하기에 반드시 승리할 것이다, 이런 확신으로 가득했다. 나 역시 확신이 들었다. 결코 불의와 타협할 동지가 아님을 느낄 수 있었고, 그 뚝심이 반드시 성과를 낼 수 있도록 함께하겠다고 다짐하게 되었다.

김동도 동지를 만난 이후 나에게 제주는 더 이상 외딴 섬이 아니었다. 1년에 12번 이상 제주를 왕복하는 경우도 있었다. 보통 1주일 정도를 제주에 체류하며 동지들과 머리를 맞대고 토론했다. 투쟁 사업장을 방문하며 문제 해결을 위해 함께 투쟁했다. 각 지부들의 현안 문제 해결과 제주 지역 미조직노동자 조직화 사업도 진행되었다. 마침내 제주관광노조는 최대의 조직적 숙원 과제였던 민주노총 가맹을 공공운수노조 가입을 통해 해결했다.

하나씩 문제가 해결되어 나가자 김동도 동지의 얼굴 표정도 밝아졌다. 그러나 그것도 잠시, 2005년에 여미지식물원을 인수한 부국개발 자본은 노조를 말살하기 위한 도발을 감행했다. 여성 조합원들은 정리해고를 당했다. 정리해고에 맞선 김동도 위원장을 비롯한 주요 간부들에게는 징계해고가 내려졌다. 명백한 부당해고였다. 민주노조를 파괴하기 위한 무차별적인 탄압 공세였다. 부당해고로 확정 판결을 받을 때까지 법정 공방이 이어졌고, 패소하면 또다시 부당해고의 칼날을 들이댔다. 그렇게 세 번의 부당해고와 원직 복직이 되풀이되었다.

여미지식물원 남상규 회장의 막가파식 노조 탄압과 부당해고는 살인 행위였다. 숨 쉴 틈조차 주지 않고 무차별적으로 자행된 탄압은 동도 형님의 숨통을 조여 왔고 끝내 우리 곁에서 동도 형님을 앗아가는 살인으로 귀결되었다. 무려 8년에 이르는 기간 동안 세 번의 부당해고와 노조 불인정, 민주노조 압살을 위한 공세가 진행됐고, 이에 맞서 민주노조를 사수하고 조합원을 지키기 위해 싸우던 동도 형님은 위암 말기라는 선고를 판정받아야 했다. 어렵게 수술을 받았으나 완치되지는 못했다. 그리고 그렇게 지키고자 했던 민주노조와 소중한 조합원들, 동지들을 두고서 홀로 외로운 세상으로 떠나셨다.

"해고는 살인이다!"

단연코 해고가, 여미지 자본의 부당해고가 없었다면 이런 결과도 없었을 것이다. 그렇기 때문에 동도 형님의 사인은 지병으로 인한 병사가 아니라 여미지식물원 부국개발 자본에 의한 타살이었다. 그럼에도 불구하고 악덕 자본 남상규 회장은 그 어떤 형사적인 책임조차 지지 않았고 추궁당하지도 않았다.

해고를 금지해야 한다. 일체의 해고를 금지하고 부당해고에 대한 형사 처벌을 강화해야 한다.

동도 형님이 남긴 수많은 유지가 있다. 나는 단연코 가장 중요한 유지는 일체의 해고를 금지하라는 것임을 강조하고 싶다.

병마와 싸우던 와중에 동도 형님이 집을 방문했다. 동생을 구제해준 아인 엄마 숙영 씨도 만나고 아인이와 함께 사는 모습을 보고 싶다고 하셨다. 그리고 제수에게 당부 말씀도 남기셨다. 아인 아빠가 하는 일이 당신이 하는 일이고 당신이 하는 투쟁에 아인 아빠가 곁에 있어서 든든하고 힘이 생겼다고.

　동도 형님, 저는 형님이 계셔서 외롭지 않았습니다. 온갖 탄압과 회유에도 불구하고 형님이 보여 주신 뚝심 있는 모습에서 저는 많은 것을 배웠습니다. 이제는 생사의 벽 너머에 계시지만 형님이 남겨 주신, 형님이 보여 주신 그 유지를 따라 저도 흔들림 없이 싸워 나가도록 하겠습니다.

　해고 없는 세상, 노동해방의 참세상에서 다시 만나겠습니다. 투쟁!!

무심했던 후배의 후회

신현창 전 좌파노동자회 대표

인간은 망각의 동물이다. 난 참 잘 잊어버린다. 고백하건대 나는 사람에 대해 잘 기억하지 못한다. 동도 형님에 대한 기억을 더듬어 보니, 역시나 기억이 많지 않다. 이런 경우에 나는 관계가 '평화롭고 평탄하게 좋았다'라고 말한다. 다시 기억을 곱씹어 보니, 동도 형님의 인품이 그랬던 것 같다. 늘 평화로웠고 후배들의 이야기를 잘 들어 주시던 형님, 늘 열정적이었지만 자애로웠던 형님으로 기억한다.

사실 언제 어떻게 만나게 됐는지도 잘 모르겠다. 언제부터 늘 함께한 형님이었다. 그런 형님이 돌아가셨다. 슬퍼하지 않으려고 노력했는데 이상하게 슬펐다. 잘 울지 않는데 울었다. 모르겠다. 왜 그랬는지. 그런데 그렇게 잊어버리고 있었다. 형님이 하늘로 가신 지 한 해가 다 되어 기일이 돌아오는 지금에서야 다시 기억을 더듬고 있으니, 나도 참 무심했다.

동도 형님은 전국노동자회를 거쳐 좌파노동자회까지 함께한 형님이었지만 지역적인 특성 때문에 자주 뵙지는 못했다. 그러던 중 좌파노동자회의 입장이 민주노총 임원 직선제를 관철시키는 쪽으로 결정되면서 투쟁의 현장에서 동도 형님을 자주 뵙게 되었다. 투쟁의 현장은 다름 아닌 민주노총이었다. 나는 민주노총 임원 직선제 투쟁이 필요하다고 생각했지만, 사실 고백하자면 그 투쟁이 좀 부끄러웠다. 이유를 생각해 보면 투쟁의 장소와 대상이 민주노총이었기 때문이었을 것 같다. 우리는 대의원대회 때마다 피켓팅을 비롯한 선전전을 했었고, 심지어 민주노총 위원장실을 점거하기도 했다. 당시 동도 형님은 민주노총 제주본부장으로서 중집 성원이었다. 그랬으니 중집 때마다 혼자 싸워야 하는 부담감과 관계 속에서 발생하는 불편함이 굉장했을 것 같다. 하지만 여러 불편함을 무릅쓰고서라도 그동안 관행처럼 유예되어 온 민주노총 임원 직선제를 반드시 관철시켜야 한다는 의지가 아니었다면 그렇게 싸우지 못했을 것이다. 특히 형님은 오랫동안 민주노총 조합원으로 투쟁을 하셨던 분이었으니 더더욱 불편했을 것이라고 생각한다. 대단하게도 형님은 그런 상황을 정말 잘도 이겨 냈을 뿐만 아니라 직선제도 잘 관철시키셨다.

난 형님이 해고된 상태임을 알고는 있었으나, 사실 이해는 부족했다. 나도 해고 생활을 오래 해서일까? '활동하는 사람이라면'이라는 이유로, 고통 받는 것이 당연하다고 무의식적으로 받아들이고 있었다. 당연히 형님의 해고 생활에 대해서도 아는 바가 그렇게 많지도 않았고 통상 해고자들이 사는 방식을 생각했을 뿐이다. 그러다 형님에게 위암이 발생한 사실을 알게 되었다. 위 대부분을 절개했다고 들었을 때, 운동을 한다면서 동지에게 관심이 없는 스스로가 너무 창피했고 형님에게 미안했다. 수술을 했고 얼마의 시간이 흘렀다. 서울과 제주를 오고가며 계속 치료를 받고 계셨다.

당시에 나는 좌파노동자회 대표로 출사표를 던진 상황이었다. 그런데 현장에 적을 두고 단체의 대표를 한다는 것에 적지 않은 부담이 있었다. 또한 상대적으로 젊은 나이도 부담감에 한몫했다. 이러한 고민을 형님께 털어놓으니 형님은 정말로 흔쾌히 부대표를 승낙하셨다.

너무 고마웠다. 형님에게 많은 바람이 있어서 부대표직을 제안한 것은 아니었다. 다만 형님의 조언을 근거리에서 듣고 싶었을 뿐이었다. 내가 아는 형님은 누구보다도 자애롭고 투쟁의 경험이 많은데다 성실하시기까지 했기 때문이다. 건강 때문에 회의에 매번 참석하시지는 못하셨지만, 기회가 될 때마다 좌파노동자회 활동에 대해서 이야기했다. 형님과 나는 무사히 대표와 부대표 임기를 마쳤으나, 임기가 마무리될 때 즈음 형님의 병세가 악화되기 시작했다. 그럼에도 형님은 늘 일관된 삶의 태도를 보였다.

형님은 내가 알던 일반적인 암에 걸린 사람들과 많이 달랐다. 아니 형님 같은 분은 처음 봤다는 게 정확하다. 내가 알던 보통사람들은 암에 걸리면 울고불고 하기도 하고 치료가 잘 안되면 절망도 빨랐다. 하지만 형님은 투병 과정에서 절망하지도 않았고, 치료를 느슨하게 받지도 않았고, 그렇다고 빨리 낫기 위해 조급해 하지도 않았다. 최소한 나에게 투병과 관련하여 감정을 드러내는 일은 한 번도 없으셨다. 내가 의아해 하는 것을 아셨는지 형님은 지나가는 이야기로 이런 이야기를 하신 적이 있다. "그냥 관리하면서 같이 가는 거야." 의학적 상식이 많지 않기에 뭐라고 말할 수는 없었지만, 형님이 자신의 삶을 대하는 태도를 읽을 수 있었다. 성실하게, 끈기 있게, 굽힘 없이, 자애롭게, 이런 단어들이 정말로 잘 어울리는 형님이었다.

형님의 병세가 악화되었다. 형님은 제주에서 두문불출하셨고, 나는 감히 형님에게 연락을 하지 못했다. 마음을 관리하고 있을 형님에게 전화를 하는 게 송구스러웠다. 그렇다고 마땅히 형님에게 할 말이 떠오르지도 않았다. 그리고 얼마 후 형님이 돌아가셨다. 후회스러웠다. 전화 한 번 할 걸. 아니 제주에 찾아가 인사라도 할 걸. 너무 미안하고 죄송하다.

형님이 살아왔던 삶을 다시 생각해 본다. 후배로서 동지로서 형님의 뜻을 기리고, 내가 해야 할 일을 성실하게, 끈기 있게 해 나가야겠다. 형과 술 한잔하고 싶다.

부치지 못한 하늘 편지

양창하 전 여미지식물원 노동조합 위원장

수신: 동도 형님
발신: 양창하

동도 형님~

지금 이곳은 장마처럼 며칠 동안 하염없이 비만 내리고 있습니다. 올겨울은 유난히 눈도 자주 오고 내렸다 하면 폭설인데다가 춥기는 왜 그리도 추운지.

형님! 잘 지내고 계시죠? 물론 아버님도 잘 만나셨겠죠?

형님이 위독하다는 연락을 받고 병원으로 달려갔을 땐 형님을 보낼 준비가 전혀 되지도 않았었는데, 거친 숨만 몰아쉬는 형님의 얼굴을 보고는 가지 말라고 붙잡을 용기 또한 사라져 버렸습니다.

형님과 쌓아 온 20여년의 추억의 보따리를 풀어 헤쳐 보지도 못한 채 떠나 보내드려 정말 죄송합니다.

제가 할 수 있었던 건 고작 촉촉이 땀에 젖은 형님의 앙상한 손을 잡아드린 것과 "형님, 그동안 멋지게 사셨습니다. 남아 있는 사람들 걱정일랑 이제 그만하고 편히 가십시오"라는 울음범벅 한마디 말이 전부였는데, 형님은 10분 남짓 눈물만 흘리시다 너무도 허망하게 조용히 떠나셨습니다.

형님은 매일같이 환한 미소를 머금고 저를 찾아와 내게 낚시 배우

겠다던 약속도 지켰고, 오름도 올랐고, 뭐니 뭐니 해도 아프지 않고 건
강한 모습으로 오시는 것이 너무 좋습니다.

형님과 많은 얘기 나누고 와야지 하고 들뜬 마음으로 양지공원으
로 가지만, 막상 아무 말도 없이 미소만 띠고 있는 형님의 얼굴을 보고
있노라면 내게 남긴 마지막 한마디 "미안하다"는 말이 떠올라 갑자기
울컥해지다 못해 제 자신에게 화가 나기까지 해서 아무 말도 못하고
가슴으로만 꾹꾹 눌러 되뇌이다 바보같이 돌아오기가 일쑤였습니다.

형님을 처음 알게 됐을 때도 형님은 나에게 "미안하다"는 말을 했
었고 결국 마지막에도 "미안하다"고 하셨습니다.

형님은 왜 제게 미안하다는 소릴 자주 하셨습니까? 형님이 미안하
다고 할 때마다 그러지 마시라고만 했을 뿐 마음속의 소리는 왜 못했
는지 너무 후회가 됩니다.

내가 여미지식물원에 입사할 때 총무과에 근무하고 있었던 형님
은 당신이 입었던 유니폼을 벗어 주며, 내게 맞는 유니폼이 없다면서
새 유니폼이 올 때까지 "이거라도 당분간 입어라, 미안하다"고 하셨습
니다.

노동조합 만들기 전 영업과 전체가 하루 종일 업무 거부하면서 회
사에 항의했던 사건에 대한 문책인지 내가 보복 인사로 보직 변경을
당했을 때도 내게 소주 한잔 건네며 "같이 싸우지 못해 미안하다"고
하셨습니다,

내가 여미지식물원에서 무급휴직계를 제출하고 2년의 위원장 임기
동안 관광노조 전임을 결정했을 때도 형님은 "미안하다" 하셨습니다.

내가 두 번째 해고되고 대법원까지 갔지만 결국 기각당했을 때도

"미안하다" 했습니다.

형님이 승소하고 복직할 때 무척 기뻤습니다. 형님이 이때는 건강이 많이 악화됐을 때라 복직 이후 치료 계획을 걱정하는 나에게 또다시 "미안하다."

그리고 봉개 집에서 여미지식물원 장기 투쟁의 마무리를 위한 형님의 생각을 말해 주면서조차 "미안하다"고 한 것이 결국 형님의 목소리로 나에게 들려 준 마지막 말이 돼 버렸습니다.

이제는 용기 내어 여태껏 형님께 하지 못하고 마음속에만 두었던 말을 하겠습니다.

"형님 고맙습니다."

내게 당신의 유니폼까지 벗어 주시며 책임을 다하는 모습이 감동이었습니다.

이게 아마도 형님에 대한 저의 짝사랑의 시작일 것입니다.

"정말 고맙습니다."

내가 강제 보직 변경을 당했을 때 소주 사 주시며 "같이 싸우지 못해 미안하다"고 하셨지만, 아닙니다. 회사 때려치겠다는 나를 잡으시며 "이렇게 회사 나가 버리면 너만 지는 거다. 노조를 만들어 보자"고 희망을 말씀해 주셔서 "정말 고맙습니다."

관광노조 초대 위원장직을 마다하지 않은 저에게 형님은 또다시 "미안하다"고 하셨지만, 솔직히 초대 위원장이라는 무거운 책임과 무급휴직으로 인한 경제적 문제가 걱정되지 않은 것은 아니었으나 자칫 이번까지 무산되면 영영 관광노조 건설은 구호에 끝나지 않을까 하는 걱정과 그렇게 됐을 때 형님을 비롯한 여러 동지들이 쏟아 온 열정이 물거품이 되는 게 아닌가 하는 우려가 앞섰다는 것이 맞을 겁니다. 덕분에 2년 동안 하루도 싸우지 않는 날이 없을 정도로 힘들었지만, 소중한 더 많은 것들을 배우게 되었습니다. 2년 동안 위미에서 제주시로 출퇴근하는 저를 항상 걱정해 주시고 어떤 상황에서도 저를 믿고 응원해 주셔서 "정말 고맙습니다."

저의 두 번째 해고무효확인 소송이 대법원에서조차 기각을 당했을 때도 "미안하다"라고 하셨고, 형님의 세 번째 해고무효확인 소송에서 승소했을 때 역시 "미안하다"하셨지만 전혀 그럴 필요가 없었습니다. 형님은 승소해서 얼마나 다행입니까? 결과적으로 형님의 복직으로 남은 조합원들이 힘을 낼 수 있었고 다시 투쟁을 시작하는 원동력을 마련하지 않았습니까?

여미지식물원 임단협 체결할 때에도 "미안하다"면서 조합원들을 대신해 사과한다고 하셨는데, 왜 형님이 대신 사과를 해야 했단 말입니까? 형님이 제게 잘못한 게 뭐가 있다고? 솔직히 소통되지 못한 과정이 있었고 내용적으로도 화가 많이 났던 게 사실이었지만, 형님이 마지막까지 조직을 위해 헌신하는 모습을 보면서 고귀한 희생을 배웠습니다.

이렇듯 형님은 항상 남을 먼저 배려하고 책임감이 강하시고 의리 있는 멋진 사람입니다. 그동안 정말 멋지게 사셨습니다.

형님과 같이한 지난 23년의 세월, 형님과 함께였기에 더욱 행복했습니다. 형님 고맙습니다.

오늘은 며칠 동안 내리던 비도 모두 그쳤고 날씨도 화창한데, 유독

뭔가 허전하고 소주 생각도 많이 나는 것이 형님이 많이 보고 싶나 봅니다. 조만간 뵈러 가겠습니다.

형님~ 그립습니다.

동도 삼촌 힘내세요, 우리가 있잖아요

양나운 양창하 전 여미지식물원 노동조합 위원장의 딸

지난 20년간 아빠의 가장 가까운 술친구는 동도 삼촌으로 알고 있다. 때로는 어찌 그런 일이 있을 수 있느냐고 분통을 터뜨리며 술잔을 기울이셨고, 때로는 현장에서 거둔 작은 승리의 뒷이야기를 안주 삼아 술잔을 나누셨다. 그때마다 나는 삼촌 옆에 톡하니 앉아 안주를 골라 먹는 게 좋았다.

정확히 무슨 이야기인지 몰랐지만, 분명히 한가지만은 느껴졌다. 삼촌과 아빠가 노동자로서 당당하게 살아가고자 함이.

추모식에서 아빠는 삼촌을 첫사랑이라고 표현했다. 그렇담 나는 삼촌의 첫 번째 팬이다.

내가 아주 어렸을 적에(아마도 어린이집에 다닐 때로 기억한다) 엄마 손잡고 아빠를 보러 농성천막에 찾아가면 삼촌은 '우리 나운이 왔냐'고 환하게 반겨 주시며 종이컵에 코코아를 타 주셨다. 길어지는 술자리에서는 지루해 하는 나를 곁에 앉히며 말동무를 해 주시는 등 나를 가장 먼저 잘 챙겨 주셨다. 그렇기 때문에 다른 삼촌들이 짓궂게 '어느 삼촌이 제일 좋아?' 라고 물어볼 때마다 한 치의 고민도 없이 당연한 듯이 나는 "동도 삼촌"이라고 답했었다.

누구보다 속정 깊고 따듯한 동도 삼촌이 좋았고, 어느 누구한테도

굽히지 않는 언제나 당당한 모습이 멋있었고, 아빠가 힘은 들지만 동도 삼촌이 함께하기에 외로워 보이지 않아서 늘 감사했다.

삼촌은 노동운동밖에 몰랐다. 암에 걸리신 후에도, 힘든 항암 치료를 하면서도 노조 생각뿐이셨다. 자신이 해야 할 역할을 쉬지 않으셨다. 책임감 때문인 것 같았다.

이렇게 삼촌과 아빠가 걸어 온 노동자로서의 치열한 삶이 가까이서 지켜본 내게는 자양분이 되어 지금의 건강한 대학생이 될 수 있었다고 생각한다. 대학생이 된 지금은 삼촌과 아빠의 대화를 이해할 수 있게 되었는데, 삼촌과 술 마시며 이야기도 나누고 싶은데, 그러지 못한다는 것이 너무나 아쉽고 슬프다.

끝으로 어린 시절 천막 농성장에서 연설 마이크를 들고 노조 삼촌, 이모들 앞에서 불렀던 동요를 하늘에 계신 삼촌께 바친다. "삼촌! 힘내세요~ 우리가 있잖아요~" "삼촌! 힘내세요~ 우리가 있~어요~"

삼촌! 하늘에서 외롭지 않게 우리가 오래오래 기억할게요. 보고 싶어요~ 동도 삼촌.

함께한 시간

김덕종 민주노총 제주지역본부 제12대 본부장

2000년 겨울의 초입, 파업하는 노동자들의 한 천막 철야 농성장에서 처음 만났습니다. 풍채 당당했고 하염없이 마음 넓을 것 같은 웃음으로, 농성에 연대하러 온 방문객들을 너무나 따뜻하게 맞이해 주셨습니다. 아마도 며칠째 농성장을 지키고 있으셨을 터입니다. 지친 기색도 없었고 미소 짓는 여유도 잃지 않는 모습이셨습니다. 그날의 첫 만남에서도 반가운 인사와 함께 서로의 이야기를 주고받기를 밤을 새워 시간 가는 줄 모르게 이어졌습니다.

어찌 보면 그 17년 전 그 모습이 2017년 6월 돌아가시기 전 모습과 많이 닮았는지도 모릅니다. 전국에서 찾아오는 동지들께 흐트러진 모습 안 보이겠다며 말씀하실 때의 그 모습, 아픈 몸임에도 불구하고 동지들께 미소를 잃지 않고 오히려 찾아오는 동지들의 안부 묻기에 더 많은 시간을 내셨던 그 모습, 마지막까지도 멀리서 병문안 차 찾아온 동지들에게 미안하다며 꼭 밥이라도 챙겨 먹여 보내 달라고 저에게 부탁하던 그 모습, 늘 투쟁의 현장에서 제 몸 사리기보다는 동지들의 마음을 먼저 챙기고 투쟁의 과제를 먼저 챙기는 그 모습.

2001년 8월 11일 청년진보당이 제주에서 첫 지구당 출범식을 하는 자리에 참석한 열사가 4·3민중항쟁의 정신을 이어받아 제주에서 진보정치의 깃발을 올리고자 하는 후배들에게 4·3항쟁의 희생자 유가족으로서 많은 조언과 걱정의 말씀을 해 주시던 목소리가 아직도 귀에

쟁쟁합니다.

2008년 여미지식물원에서 정리해고가 이루어지려 하자 식물원 전망대에서 단식농성을 하실 때, 동지를 찾아간 후배가 사측 관리자들에 의해 들어오지 못하자 불같이 자리를 박차고 나와 싸우던 그 혈기 왕성한 모습이 아직도 눈에 선합니다. 그리고 항암 치료 중에도 무척 고통스러우셨겠지만 후배의 안부 전화에도 애써 태연하고 반갑게 맞아 주시던 그 마음이 아직도 가슴에 사무칩니다.

20년 가까운 시간 동안 함께해 오며 단 한 순간도 서로의 위치와 안위와 활동의 모습을 모르지 않고 지내 왔던 김동도 열사는 실천해야 하고 투쟁해야 하는 현장에서 늘 주저 없이 실천하는 활동가로 살아오셨습니다. 오죽 했으면 건강을 돌보시라는 후배의 말에 불같이 화를 내며 더 이상 아무 말도 할 수 없게 만들 정도였겠습니까? 본인의 안위보다는 지금 해야 할 그 시기의 활동에 집중하는 실천가셨습니다.

이제 남아 있는 사람들의 몫이겠습니다. 자본주의 반대를 외치고 평등 사회를 위한 활동을 이어가는 그 길지도 모를 여정의 몫은 이제 남아 있는 동지들과 후배들의 몫일 것입니다.

열사께서 생전 단 한 치도 흐트러짐 없이 활동하셨던 그 모습 그 본 그대로 올곧게 받아 이어 가겠습니다.

김동도를 기리며

엮은이 김동도열사정신계승사업위원회(준)
펴낸곳 박종철출판사

주소 경기도 고양시 덕양구 화중로104번길 28 (화정동, 씨네마플러스) 704호
전화 031.968.7635(편집) 031.969.7635(영업)
팩스 031.964.7635

초판 1쇄 2018년 6월 27일

값 10,000원

ISBN 978-89-85022-83-5 03990